W0034190

hänssler

Heinzpeter Hempelmann

Gott kennen ist Leben

Was den Kern des christlichen
Glaubens ausmacht

Pfr. Dr. Heinzpeter Hempelmann MA, geb. 1954, verheiratet, ein Kind. 1983–1988 theol. Referent der Pfarrer-Gebetsbruderschaft (PGB). 1989–1992 im Gemeindedienst der Evang. Landeskirche in Württemberg. Seit August 1992 theologischer Referent im Amt für missionarische Dienste, Stuttgart. Ca. 80 Veröffentlichungen, vorwiegend im Bereich von Religionsphilosophie und Wissenschaftstheorie.

Die Deutsche Bibliothek – CIP-Einheitsaufnahme

Hempelmann, Heinzpeter:
Gott kennen ist Leben : Was den Kern des christlichen Glaubens ausmacht / Heinzpeter Hempelmann. – Neuhausen-Stuttgart : Hänssler, 1994
   (TELOS-Bücher ; Nr. 7652 : TELOS-Taschenbuch)
   ISBN 3-7751-2055-6
NE: GT

TELOS-Taschenbuch Nr. 7652
Bestell-Nr. 76.652

Inhalt

»...nichts wissen außer Christus und ihn als gekreuzigt«

1. Nur ein Thema?

»Als ich unter euch war, liebe Gemeinde, urteilte ich, daß es allein richtig wäre, nur Christus zu wissen und ihn als gekreuzigt.« So faßt Paulus die Quintessenz, den Kern, den Inhalt und die Summe seines Evangeliums zusammen: nichts wissen außer Christus und ihn als gekreuzigt. Freilich, so kurz wie dieser Satz ist, so schnell scheinen wir mit ihm doch auch zu Ende gekommen zu sein. Denn das ist ja schnell gesagt: *Jesus Christus ist gekreuzigt*, und damit hat es sich dann. Das ist ja klar, und damit ist ja dann alles klar. Ist Paulus vielleicht doch nicht so »schwer zu verstehen« (2. Petr 3,16)?

Bevor wir uns vorschnell und zu unrecht erleichtert abwenden, gestatten Sie mir eine dreifache Rückfrage:
– Ist das wirklich so klar, was das bedeutet: Christus ist gekreuzigt, was das nämlich aussagt über uns, über die Welt und nicht zuletzt über Gott selbst?
– Ist der »gekreuzigte Christus« vielleicht die alles entscheidende Perspektive, aus der heraus über Gott, den Menschen und diese Welt zu reden wäre?
– Muß es nicht nachdenklich machen, daß Paulus selbst seinen Brief nicht mit diesem zweiten Vers des zweiten Kapitels abschließt? Offenbar hält er es für nötig, diesen Satz zu entfalten, ihn in seiner Bedeutung für alle Fragen des christlichen Glaubens und Lebens auseinander zu nehmen.

9

Paulus steht in Kontakt mit einer Gemeinde, die einerseits reich ist an Gaben und Begabungen, in der es aber gleichzeitig an der Liebe zueinander fehlt; die quicklebendig ist, in der das Leben aber durch fehlende Ordnungen erstickt zu werden droht; in der es viel Weisheit, viel Erkenntnis gibt – Paulus meint freilich: falsche Weisheit und falsche Erkenntnis, die viele in Fragen, Zweifel und Irrtümer stürzen.

Paulus wird gebeten und ist gefordert zu helfen, zu orientieren, zurechtzubringen; das Leben nicht zu ersticken, ihm vielmehr zum Überleben zu helfen dadurch, daß er es strukturiert, daß er den Wildwuchs beschneidet und die Wurzeln pflegt. Paulus wird später den Korinthern konkret einiges zu sagen haben: über die Spaltungen in ihrer Mitte, ihre Rechtshändel vor heidnischen Gerichten, die Frage, ob man ehelos bleiben soll und ob man Fleisch von Götzenopfern essen darf, wie man mit der Zungenrede umgehen soll und was uns am Ende, am letzten Tage, erwartet. Im ersten und zweiten Kapitel unseres Briefes legt Paulus das Fundament, auf dem er aufbauen kann; er legt die Basis, die ihm dann die Antworten ermöglicht auf all die verschiedenen Fragen aus der Gemeinde in Korinth.

Die Quintessenz dieser beiden Kapitel wiederum ist die Auskunft: Ich habe euch auch heute – brieflich – nichts anderes zu sagen als damals, als ich bei euch war. Wir haben keine andere Informationsquelle, keine andere Auskunftsstelle als Christus. Und dann wird auch dieser Grundsatz: Ich weiß nichts anderes unter euch als diesen Christus, noch einmal zugespitzt. Paulus bringt auf den Punkt, was das Leben dieses Christus, dieses Gesalbten, dieses Heilsbringers so interessant, so bemerkenswert, so bedeutungsschwer macht: sein

Kreuz, sein Tod vor den Toren Jerusalems als von den eigenen Volksgenossen Ausgelieferter und Verratener, von der heidnischen Besatzungsmacht grausam Hingerichteter und damit nach dem Buchstaben des Alten Testamentes von Gott selbst Verfluchter (»Verflucht, ein Fluch Gottes, ist jeder, der am Holze hängt«, 5. Mose 21,22). Dieses Eine, die Tatsache seines Todes – genauer: seiner Kreuzigung – ist offenbar von größter Bedeutung. Paulus fordert uns auf, dieses eine besondere Ereignis zum Ausgangspunkt allen weiteren Nachdenkens zu machen. Ich weiß nur von Christus, und ihn zeichnet vor allem das eine aus, daß er gekreuzigt worden ist, – das ist das Licht der Erkenntnis, das Paulus uns aufstecken will. Ich weiß nichts außer Christus und ihn als gekreuzigt, – das ist kein monotoner Satz, den er den Korinthern immer in einem fort wiederholt hätte; das ist auch kein einfacher Satz, ein Satz, den man hören und dann einfach abhaken könnte. Es ist vielmehr ein Grundsatz, der alle unsere anderen Sätze, alle unsere Anschauungen und Verhaltensweisen als Christen bestimmen wird, – wenn wir ihn recht verstanden haben.

2. Ein Zeichen, dem widersprochen wird

»Ich weiß nichts außer Christus und ihn als gekreuzigt.« Zunächst müssen wir verstehen, wie wenig selbstverständlich dieser Satz ist, wie wenig sich das von selbst versteht: Jesus Chrisus und er, *ausgerechnet er* als gekreuzigt. Ein Verstehen dieses Kernsatzes des Evangeliums beginnt damit, daß wir innehalten und neu nachdenken; daß wir es merken, daß dieses Kreuz ja alles andere ist als etwas, das diesen Mittelpunkt von Hause aus verdient. Wir werden dieses Kreuz in seiner

Bedeutung und seiner Bedrohlichkeit, in seiner Abgründigkeit wie seiner Heilsamkeit so lange nicht wahrnehmen, wie es für uns selbstverständlich ist, – als Symbol, mit dem wir unsere Kleider oder unsere Hälse schmücken, unsere Briefbögen und unsere Bibeln verzieren. Was ist denn dieses Kreuz? Was stellt denn dieser Gekreuzigte dar?

Christus – als gekreuzigt (1,23), – das ist für den Juden ein Skandal. Der Messias, ans Holz gehängt, – das kann nicht sein! Wer das sagt, der lästert Gott. Der Mann Gottes, von Gott verlassen, – das wird Gott niemals zulassen! So lautet ja bis heute der Haupteinwand der Moslems gegen diesen Kernpunkt unserer Christusverkündigung. Der Sohn Gottes ein Opfer einer solchen entsetzlichen Marter? Das glaubt ihr doch selbst nicht. Was wäre das für ein Gott? So lautete schon damals das Urteil der Griechen, und das ist bis heute das Urteil der Philosophen. Ein solches Denken und Reden von Gott ist unsinnig, hat keinen Sinn. So etwas darf man von Gott nicht einmal denken, geschweige denn sagen. Denn Gott ist doch der Erhabene, der Majestätische, der Allmächtige.

Paulus weiß um den natürlichen Widerspruch der Weisen, der Forscher, der Wissenschaftler dieser Welt. Aber selbst das Törichte dieses Kreuzes, selbst die Schwäche Gottes, die hier sichtbar ist (1,25; 2. Kor. 13,4), zieht er der Weltanschauung der Weltweisen und ihrer Klugheit vor, mit der sie meinen, diese Welt begreifen und verstehen zu können.

Für Paulus ist das Kreuz alles andere als ein Symbol der Erhabenheit, der Andacht; alles andere als ein frommes, heiliges, gemeinhin akzeptables, zumindest aber toleriertes Symbol, dessen Schändung als Gotteslästerung vom Bürgerlichen Gesetzbuch mit Strafe bedroht wäre. Das altrömische Bild, das den Gekreuzigten mit dem Kopf eines Esels zeigt, ist da viel angemessener. Es macht die wirkliche Qualität und die Härte der Ablehnung, die Verspottung und Verachtung deutlich, die dieses Symbol eines gekreuzigten Gottes natürlicherweise erfährt – erfahren muß! Der gekreuzigte Gott – eine Eselei! In diesem Spott kommt viel klarer zum Ausdruck, wie sehr dieser Gott querliegt zu dieser Welt als in unserer Verbrämung des Kreuzes als eines heiligen Zeichens. Nicht heilig ist es, sondern genau das Gegenteil.

Das Kreuz ist auch kein Symbol des Sieges. Es ist nur pervertiert zum Symbol des Triumphes einer christlichen Kultur, des Sieges einer weltweiten Christianisierung im Zeichen des Kreuzes; die wahre Bedeutung dieses Schmachzeichens hat man dabei zum eigenen Schaden vergessen oder unterdrückt. Das Kreuz ist kein Symbol des Sieges. Es steht im Ursprung vielmehr für eine schändliche Niederlage, die entweder Abscheu und Abwehr oder aber Spott und Hohn hervorruft. »Aus Schwachheit ist Christus gekreuzigt« (2. Kor 13,4). Es ist in den Augen seiner Gegner ja Symbol
– des Scheiterns des Anspruches Jesu, der Messias zu sein;
– des Scheiterns des Anspruches Jesu, das Reich Gottes aufzurichten;
– des Scheiterns des Anspruches Jesu, der von ihm verkündete Gott wolle ihnen nahe, wolle ihnen im besten Sinne *Vater* sein.

Das Kreuz ist Symbol und Inbegriff einer der furchtbarsten und schmerzhaftesten Torturen, die Menschen einander antun können. Es ist aber in den Augen der ehemaligen Jünger Jesu – und das mag in ihrer Schwermut noch viel schwerer gewogen haben – v. a. Ausdruck, Beleg, Beweis des Neins Gottes zu diesem Jesus. Konnten Juden, konnten seine Jünger dieses Kreuz anders verstehen denn als »Nein«, als Fluch Gottes über ihn, diesen Jesus, der beanspruchte, der Messias zu sein? Ja, noch mehr: der die Stirn hatte, für sich in Anspruch zu nehmen, was jedem Menschen unmöglich ist, der einigermaßen auf dem Teppich bleibt und sich nur ein bißchen selbstkritisch betrachtet: nämlich in engster Verbundenheit mit Gott zu leben, ja in einer solchen Verbindung zu ihm zu stehen, daß man in seiner Person dem lebendigen Gott höchstpersönlich begegnete?

Nichts anderes ist gemeint, wenn nach Paulus das Wort von diesem Kreuz für den Weisen der Welt eine Torheit und für die Juden ein Ärgernis, ja eine Verlästerung Gottes darstellt. Man kann doch den Wahnsinn dieses Kreuzes nicht zum Sinn machen, die Schreckensbotschaft vom Kreuz Jesu zu einer guten Botschaft, zum Evangelium machen! Man kann doch das Nein Gottes nicht einfach pervertieren, umdrehen zu einem Ja Gottes!

Selbst dort, wo man mit der Auferweckung dieses Gekreuzigten rechnet, behält dieses Kreuz noch seine Zweideutigkeit, ist und bleibt es ein Zeichen der Angefochtenheit, der Niederlage, des Todes und des Schreckens.

Der große Sündenfall in der Geschichte der christlichen Kirche vollzieht sich da, wo dieses Symbol zum Zeichen des Triumphes, des Sieges und der Macht wird. Beispielhaft für diesen Sündenfall steht der berühmte Traum des römischen Kaisers Konstantin. Vor der Schlacht an der Milvischen Brücke, in der er einem militärisch weit überlegenen Gegner gegenübersteht, hat er ein Gesicht: Mit eigenen Augen sieht er am Himmel das Siegeszeichen eines aus Licht gebildeten Kreuzes und darauf die Inschrift »In diesem (Zeichen) siege!« Er läßt das Kreuzeszeichen an den Schilden seiner Soldaten anbringen und erringt einen überraschenden und vollständigen militärischen Triumph.

Das Kreuz als Zeichen weltlicher wie geistlicher Macht: Kreuzzüge, Kreuzritter, Kreuzfahrten – all das steht in der Tradition eines solchen verhängnisvollen Mißverständnisses des Kreuzes als Zeichen von Macht statt Vollmacht, von Gewalt statt Ohnmacht. Paulus meint ein anderes Kreuz. Er denkt beim Wort vom Kreuz an den, der nicht auf der Seite der Macht, der Gewalt und der Herrschaft steht; der vielmehr durch das Kreuz auf die Seite derer zu stehen kommt, die machtlos und wehrlos sind, hilflos und ausgeliefert.

Für Paulus ist das Kreuz kein Zeichen materieller oder geistiger Etabliertheit und Akzeptanz. Es ist kein Zeichen, dem entsprochen, sondern dem widersprochen wird; kein Symbol, auf das sich alle verständigen können, sondern an dem sich gerade die Geister scheiden. Am Ende dieser Entwicklung, dieser Perversion des Kreuzes stehen christliche Kirchen (und Freikirchen), die weithin unglaubwürdig geworden sind, die ihr Profil verloren haben, weil sie ihr zentrales Symbol, ihr Leitsymbol, korrumpiert, verdreht haben und die nun das Wort vom Kreuz vielfach nicht mehr sagen können; Kirchen, die, wenn nicht mehr Herrschaft, so doch Anerkennung und damit Gleichförmigkeit mit dieser Welt und in dieser Gesellschaft suchen und die das nur können, weil sie den Anstoß des Kreuzes nicht mehr begreifen: Ob im Barock der Lendenschurz des zu Tode Gequälten vergoldet wird; ob heute Kirche vielfach hoffähig zu sein sucht als Supermarkt religiöser Möglichkeiten, als Anstalt zur Befriedigung religiöser und anderer Bedürfnisse des »modernen« Menschen, – es ist ja so verständlich, daß wir das Leiden, das Ärgernis und die Torheit, den Wahnsinn des Todes ausgerechnet dieses Einen ästhetisch erträglich machen wollen. Aber alle diese wohlgemeinten Versuche der Domestisierung des Evangeliums sind in der Sache nichts anderes als Verrat am Evangelium, am Wort vom Kreuz, am großen Ärgernis, das diese Mitte des christlichen Glaubens für jede Kultur darstellt.

Eine Ahnung von dem, was das heißt: »Ich habe nichts unter euch gewußt als nur Christus und ihn als gekreuzigt« haben wir erst dann wieder, wenn uns eine heilsame Verunsicherung ergreift und eine heilige Scheu überkommt, einen Kruzifixus anzusehen; wenn wir Sorge haben, im Bild des Gekreuzigten am Bild des Gekreuzigten selbst gedankenlos vorüberzugehen.

3. Was uns das Kreuz über Gott verrät

Es stellt sich nun natürlich die Frage, warum Paulus, der kluge Taktiker, das macht; warum er auf dem Schandpfahl, dem alles andere als attraktiven Hinweis auf das unrühmliche Ende Jesu, beharrt, im Wissen darum, daß es Juden wie Heiden gleichermaßen abstößt und gerade die abschreckt, die doch eigentlich für das Evangelium gewonnen werden sollen.

Warum ist Paulus das Kreuz so wichtig? Warum ist es für ihn unverzichtbar? Warum stellt er es so ausdrücklich in den Mittelpunkt, obwohl er doch weiß, daß es gar nicht werbewirksam ist, im Gegenteil abschreckend und abstoßend wirken muß?

Die Antwort gewinnen wir, wenn wir zeigen, welche Konsequenzen das hat, *Christus und ihn als gekreuzigt* zum Grundsatz alles anderen zu machen; über Gott, Menschen und Welt nur von dieser Basis her nachzudenken, Gott, Mensch und Welt nur unter diesem Blickwinkel anzuschauen.

Was heißt denn das, daß Christus gekreuzigt wurde?

Es liegt zunächst etwas sehr Gesundes, Echtes, Sympathisches im Protest des religiösen wie des nichtreligiösen, philosophischen Menschen gegen die Auskunft, Christus, der Sohn Gottes, sei am Kreuz gestorben. Nicht nur, daß Gott überhaupt gestorben sein soll, er soll auch noch gelitten haben und dazu auf eine so schändliche Weise! Wer eine solche Behauptung als skandalös etikettiert, wer sie als Unsinn abtut, als Torheit brandmarkt, der ist mir allemal noch lieber als jemand, der sie unbeteiligt, unberührt zur Kenntnis nimmt. Wer hier protestiert, hat ja immerhin noch etwas begriffen von dem, was hier behauptet wird: der hat ja erkannt, was für ein unglaublicher Tatbestand den Grundbestand des christlichen Glaubens ausmachen soll. In einem alten lutherischen Lied heißt es:

> O große Not,
> Gott selbst liegt tot.
> Am Kreuz ist er gestorben.

Gott selbst liegt tot; Gott selbst ist tot. Gott ist tot, nicht mehr nur der Mensch. Der Mensch ist sterblich, kann sterben, das weiß ein weiser, religiöser Mensch. Aber Gott? Ist das nicht der ganz Andere, der, der in erhabener Majestät jenseits dieser Wirklichkeit des Todes und jenseits all unserer Not und unserer Leiden wohnt, ja wohnen muß? Gott, wenn es einen gibt, Gott muß doch ganz anders sein. Ein Gott kann nicht sterben.

Auch Christen haben immer wieder versucht, dem

Undenkbaren, Unglaublichen aus dem Weg zu gehen. Man konnte und wollte es nicht glauben, daß Gott selbst, der Sohn Gottes, gestorben, noch dazu diesen Tod gestorben ist. So wird z. B. berichtet, daß ein Irrlehrer der alten Kirche, Basilides, vertreten habe, Jesus habe gar nicht am Kreuz gelitten, sondern statt seiner ein gewisser Simon von Kyrene, der, den man gezwungen hatte, für ihn das Kreuz zu tragen. Den hätten die Römer unwissentlich und irrtümlich gekreuzigt, nachdem Jesus ihn verwandelt hätte, so daß man ihn für Jesus hielt. Jesus aber habe die Gestalt Simons angenommen und dabei gestanden und jene verlacht.

Gott, so behauptet diese Geschichte in gutem Glauben und mit guten philosophischen Gründen, Gott lacht über den Tod, er nimmt ihn nicht ernst, – und er setzt sich ihm erst recht nicht aus. Sterben muß ein anderer, ein Mensch, für Gott, an Gottes Stelle. Denn ein Gott kann nicht sterben. Er läßt höchstens sterben.

Das Wort vom Kreuz ist deshalb so wichtig, so unverzichtbar und deshalb festzuhalten, weil es diese Grundüberzeugung des religiösen und verlorenen Menschen zu seinem und unserem Glück nicht nur in Frage stellt, sondern durch ein wirkliches Ereignis widerlegt, ja geradezu auf den Kopf stellt.

Das Wort vom Kreuz, die Verkündigung des gekreuzigten Gottes, ist Paulus deshalb so wichtig, weil nur dieses Kreuz verbürgt, daß Gott über den Tod des Menschen nicht lacht, sondern ihn so ernst nimmt, daß er sich selbst ihm aussetzt. Das Wort vom Kreuz des Sohnes Gottes ist deshalb unverzichtbar, weil nirgendwo sonst in der Weisheit der Welt oder in den Religionen der Menschheit, nirgendwo sonst als nur hier verbürgt ist, was wir noch nicht einmal zu denken wagen, geschweige denn uns einbilden können: Gott ist unser Leiden nicht gleichgültig: er nimmt vielmehr so sehr am Schicksal seiner Geschöpfe teil, daß er für sie sein Leben riskiert; das Leiden derer, die er sich als freie Partner wünscht, interessiert ihn, nein: treibt ihn um, beschäftigt ihn so sehr, daß er nicht untätig zusehen kann, wie sie zugrundegehen; ihre Verzweiflung geht ihm so nahe, daß er ihnen gerade in ihrer Not nahe sein will; daß er darum höchstpersönlich all das auf sich nimmt, was das Leben seiner Partner so notvoll macht; daß er auch dem Leiden nicht ausweicht und selbst vor der Möglichkeit nicht zurückschreckt, von denen, denen er ganz nahe ist, um Leib und Leben gebracht zu werden.

Was sonst als das Bild des Gekreuzigten, dessen Nägelmale noch am Ewigkeitsleib des Auferstandenen sichtbar sind (Joh 20,27f.), was sonst als dieses Leben und Sterben Christi gäbe Grund zu dieser gleichermaßen ungeheuerlichen wie frohmachenden Aussage vom Weg Gottes in die Tiefe! Diesen Weg beschreibt Paulus im Philipperbrief mit Hilfe eines urchristlichen Liedes:

»Er, der in Gestalt Gottes war, hielt es nicht für einen Raub, Gott gleich zu sein. Er machte sich selbst zu nichts und nahm Knechtsgestalt an, indem er den Menschen gleich geworden ist, und der Gestalt nach wie ein Mensch erfunden, erniedrigte er sich selbst und wurde gehorsam bis zum Tod, ja zum Tod am Kreuz« (Phil 2,6–8).

Wie anders als so ließe sich begründen, daß Gott Liebe ist, daß wir ihm nicht egal sind, daß Gott nicht – wie Basilides annahm – andere für sich sterben ließ, sondern vielmehr selber für andere gestorben ist? Wo anders als hier ließe sich die Antwort finden auf die bedrängende und berechtigte Frage: Wie kann Gott gut sein, wenn diese Welt so schlecht ist? Wie kann Gott Liebe sein, wenn diese Welt so abgründig ist, ja, am Abgrund steht? Wie anders ließe sich der verzweifelten Frage nach der Gottverlassenheit dieser Welt begegnen als durch den verzweifelten Schrei Jesu am Kreuz: »Mein Gott, mein Gott, warum hast du mich verlassen?« (Mk 15,34).

Was sonst als diese Gottverlassenheit Jesu am Kreuz zwischen Himmel und Erde kann Antwort geben auf die bohrende Frage nach dem Engagement Gottes? Kann denn eine Liebe größer sein? Kann es ein größeres Opfer für den dreieinigen Gott geben als die Trennung des Sohnes vom Vater und die Gottesferne, in die der Sohn hineinkommt, indem er selbst »zur Sünde«, zum Sündopfer wird (2. Kor 5,21), die Schuld der ganzen Welt auf sich nimmt, um inmitten dieser Welt einen Weg zu Gott zu bahnen?

4. Was uns das Kreuz über den Menschen verrät

Mit dem Kreuz Christi ist aber nicht nur darüber entschieden, wer Gott ist, nämlich daß er Liebe ist (vgl. 1. Joh 4,8–16). Dieses Kreuz offenbart doch ebensosehr auch, *wer der Mensch ist*. Und wiederum müssen wir sagen: Wo sonst würde uns so schonungslos der Spiegel vorgehalten? Wo sonst würde das, was das Wesen des gefallenen Menschen ausmacht, in seiner Tiefe so aufgedeckt wie hier durch den Blick auf den Gekreuzigten, auf den, der nur Zuwendung zeigt und der durch die Hände seiner Geschöpfe zu Tode kommt? Dieses Wort der Nähe des liebenden Gottes erfährt einen tödlichen Widerspruch, wird buchstäblich

»mundtot« gemacht. Es gehört zum Risiko Gottes, der Mensch wird, schwach, verletzlich, sterblich, daß ihm widersprochen wird; daß er nicht nur Wider-Worte seitens der Menschen erfahren und erdulden muß (Hebr 12,3), sondern einen Widerstand erleiden muß, der ihn das Leben kostet.

Nirgendwo ist deutlicher als hier, am Kreuz Christi, daß der Mensch im Aufstand lebt gegen seinen Schöpfer; daß er nicht Gott seinen Herrn sein lassen will, vielmehr selbst Gott sein möchte.

Wiederum gilt: Wie anders als mit dem Kreuz des Sohnes Gottes könnte man die unglaubliche Aussage begründen, daß das Geschöpf den Schöpfer umbringt? Es ist gleichzeitig widersinnig und bezeichnend, daß ausgerechnet die Menschwerdung Gottes, seine Hinwendung und Erniedrigung zum Menschen, für das Geschöpf zum Anlaß wird, sein »wahres Wesen« zu offenbaren. Dieser demütige Gott erwartet einen demütigen Menschen. Es ist ja in der Knechtsgestalt des leisen, sich nicht aufdrängenden Wortes Gottes begründet, daß man es ablehnen, überhören, daß man sich an ihm ärgern oder es einfach übergehen kann. Nur der Demütige stellt sich dem Anspruch Gottes, der so ganz anders daherkommt, als man es erwartet; nur der Demütige ist bereit, seine eigenen Vorstellungen, Gedanken über Gott in Frage zu stellen, um im Kind in der Krippe dem Allmächtigen zu begegnen. Es ist widersinnig, daß der Weise, der doch vorgibt, nach Gott zu suchen, ausgerechnet an dem Gott vorbeigeht, der sich ihm doch näher, verständlicher, menschlicher nicht hätte zeigen können. Was könnte denn »näherliegen«, als zu diesem Gott »ja« zu sagen, den Gott anzuerkennen, der in Jesus seine Herrlichkeit und Majestät, seine Größe und Liebe doch unüberbietbar anschaulich gemacht hat? »Dieser Mensch redet nicht wie die Schriftgelehrten, sondern wie einer, der Vollmacht hat«, sagten seine Zeitgenossen (Mt 7,21). Und die Ausstrahlung dieses Jesus von Nazareth zieht die Menschen bis heute in ihren Bann.

Dieser Anstoß des Kreuzes ist zugleich auch bezeichnend für die »Weisheit« der Weltweisen: Diese Weisheit verkehrt sich in ihr Gegenteil, weil sie an dem vorübergeht, was vor aller Augen liegt. Gott macht diese Weisheit zur Torheit; er legt offen, daß diese Weisheit in Wahrheit Torheit ist, weil sie nicht zur Erkenntnis verhilft, den Menschen vielmehr ins Verderben führt; weil sie ihn am lebendigen Gott, der Quelle des Lebens, vorbeigehen läßt. Gerade in dem Hochmut, mit dem die Weisen an Gottes Wirklichkeit vorbeigehen, zeigt sich ja ihre Torheit. Gerade daran, wie sie an ihren eigenen Vorurteilen von Gott festhalten und den wirklichen Gott ablehnen, zeigt sich, daß sie Gott nicht wirklich suchen, sondern in Wahrheit sich selbst zu »Gott« gemacht haben: In göttlicher Machtvollkommenheit wissen sie ja schon oder (noch deutlicher) haben sie schon festgelegt, was und wer Gott ist und wie er nicht sein kann.

Gott kommt uns in diesem Jesus Christus zum Greifen nahe. Viele Menschen nehmen ihn trotzdem nicht wahr. Ihre Klugheit, die in Wahrheit Dummheit ist, ihre Vorstellungen davon, wie Gott ist und wie er eigentlich sein müßte, erlauben ihnen das nicht. Indem die Menschen an diesen ihren Gedanken kleben, indem sie sich ihr Bild von Gott machen und ihre selbstgemachten Götzen höher achten als die Wirklichkeit des allein wahren Gottes, zeigt sich, wie sehr sie »Gott« gleich sein wollen; wollen sie doch noch darüber verfügen, wie und wer Gott wirklich ist. *Egal, wie Gott wirklich ist, wir machen uns unseren Gott selbst.*

Kann aber die Anmaßung noch größer sein? Gott ist zu einer willkürlichen, beliebigen Größe geworden.

In einer Untersuchung des Trendforschers Gerd Gerken in einem Zeitgeistmagazin war zu lesen, daß der christliche Gottesglaube keine Zukunft mehr habe, weil er nicht die Bedürfnisse des (post)modernen Menschen befriedige. Zukunft hätten nur Formen freier Spiritualität, die sich ganz auf das Bedürfnis spontaner und persönlicher Befriedigung einstellten. Armer Gott – oder arme Menschen? Wenn auch Gott nur noch dazu dient, meine Bedürfnisse zu befriedigen, wenn ich mir dementsprechend meinen »Gott« so zimmere und zurechtmache, wie ich ihn gerade brauche und wie es dem Geschmack des Zeitgeistes entspricht – ist der Mensch dann nicht völlig auf sich selbst gestellt? Hat er dann nicht auch Gott verloren? Hat er dann nicht sogar Gott als Gegenüber, als den ganz Anderen, verloren? Ist »Gott« dann nicht – wie die Religionskritiker behaupten – tatsächlich nichts anderes als ein bloßer Ausdruck größter Anmaßung und tiefster Verlorenheit des Menschen? Gleichen wir dann nicht tatsächlich dem Baron Münchhausen, der sich am eigenen Schopf aus dem Sumpf herausziehen möchte? An der Gestalt des demütigen Gottes wird der hochmütige Mensch zuschanden. An der Haltung zum Kreuz wird der Aufstand des Menschen gegen den wirklichen, lebendigen Gott offenbar.

5. Was uns das Kreuz über die Welt verrät

Am Wort vom Kreuz und an der Stellung zu diesem Grundsatz »Christus und er als gekreuzigt« ist aber nicht nur die ganze Bodenlosigkeit des Menschen wie die unglaubliche Zuwendung dieses Gottes zu uns

23

Menschen ablesbar. Nirgendwo sonst gewinnen wir auch eine solche Einsicht in die Qualität dieser Welt, der Geschichte, in der wir leben und der Schöpfung, in der wir uns bewegen, – nirgendwo sonst wie hier: im Aufblick und Anblick des Gekreuzigten. Die Kreuzigung Jesu ist ja Teil dieser unserer Weltgeschichte bis dahin, daß wir sie genau datieren können auf das Frühjahr des Jahres 33 unserer Zeitrechnung. Das Kreuz Jesu ist ja Teil dieser Schöpfung, gerammt in einen Erdboden, der uns alle verbindet; es ist ja Teil unserer Erde, – bis dahin, daß wir ziemlich genau lokalisieren können, wo denn dieses Golgatha, dieser Hinrichtungsplatz des Sohnes Gottes vor den Toren Jerusalems, wohl gewesen ist.

Das Kreuz des Sohnes Gottes als Teil der Welt; das Kreuz des Schöpfungswortes als Teil der von ihm und durch ihn geschaffenen Schöpfung! Radikaler, tiefer, kompromißloser kann man über diese Welt nicht urteilen.

Die Gestalt (griechisch: das Schema), die Struktur dieser Welt vergeht; ihre Ordnung, ihr Gefüge zerbricht. So sagt es Paulus in 1. Korinther 7,31. Und im Römerbrief kann er schreiben: »Die Schöpfung ist der Nichtigkeit unterworfen; sie ist nicht, was sie sein sollte; sie ist es nicht freiwillig, sondern durch den, der sie unterworfen hat« (8,20), d. i. den großen Widersacher. Sie hängt fest an der »Knechtschaft der Vergänglichkeit« (8,21); sie teilt das Schicksal des Menschen, dessen Ab-Fall von Gott und Aufstand gegen Gott sie ihr Schicksal zu »verdanken« hat.

Vor kurzem hat eine Veröffentlichung[1] des Verhaltensforschers Volker Sommer für Aufsehen gesorgt. In seinem Buch »Lob der Lüge. Täuschung und Selbstbetrug bei Tier und Mensch« hatte der Wissenschaftler aus dem gesamten Tierreich Material zusammengetragen und gezeigt, daß Täuschung und Betrug nicht nur beim Menschen und in der menschlichen Gemeinschaft, sondern auch im Zusammenleben der Tiere zu den gängigen alltäglichen Verhaltensweisen gehören. Harmlose Raupen kriechen im Gewand von Schlangen daher; ebenso harmlose Fliegen kleiden sich ins Gelb-Schwarz von stachelbewehrten Wespen; Glühwürmchen führen einander mit gefälschten Lichtsignalen hinters Licht. Da löst so mancher Vogel gezielt falschen Alarm aus, so daß die Mitbewerber um ein besonders delikates Insekt die Flucht ergreifen; da schreit ein Paviansöhnchen schon mal Zeter und Mordio, um an ein paar schmackhafte Knollen zu gelangen, die ein erwachsener Kollege vor seinen Augen ausgräbt. Christen konnten es schon länger wissen. Von wegen »Zurück zur Natur!«, dem Motto des Philosophen Rousseau! Von wegen Orientierung an der Natur als der noch heilen Welt, dem großen moralischen und ästhetischen Vorbild des Menschen! Auch in puncto Arglist und Hinterlist, Betrug und Täuschung ist der Mensch eben Krone der Schöpfung, nur die Spitze des Eisbergs.

Wiederum stehen wir vor einer Diagnose, die den säkularen und profanen, neuzeitlichen und modernen Heilserwartungen ins Gesicht schlägt. Seit der Aufklärung geht ein beispielloser Wille durch die Welt, diese Welt besser, schöner, sicherer und gerechter zu machen. Motiviert ist dieser Wille durch die Überzeugung: Diese Welt ist vielleicht nicht gut, aber wir können sie besser und eines Tages gut machen, das Schöpfungswerk Gottes vollenden und an Stelle Gottes das Heft selbst in die Hand nehmen und diese nicht gelungene Schöpfung in Ordnung bringen. Der Mensch ist vielleicht nicht gut, zumindest nicht alle Menschen sind gut, aber alle können besser und schließlich gut werden. Denn der Mensch ist erziehbar. Die Übel sind bekämpfbar und schließlich ausrottbar. Die Verhältnisse sind nicht überall o. k., aber mit Hilfe von Wissenschaft und Technik, mit unaufhörlichem wirtschaftlichem Wachstum läßt sich alles zum Besseren und schließlich zum Guten wenden. Die Aufklärung und die von ihr bestimmte Moderne: das ist ein einziges Erziehungs- und Gestaltungsprogramm – ein einziges Vorhaben zur Kultivierung der Erde und der auf ihr lebenden Menschheit. Angetrieben sind die gigantischen Kraftanstrengungen der beiden letzten Jahrhunderte durch die Überzeugung: Wir können es schaffen. Das Paradies mag zwar verloren sein; aber mit ihm lassen wir auch die Tröstungen der Religion, die ja nur Vertröstungen auf ein besseres Jenseits sind, hinter uns.

Nicht mehr Gott, sondern der Mensch ist nun Akteur der Menschheitsgeschichte; nicht mehr im Jenseits, sondern im Diesseits wird der Himmel auf Erden errichtet.

Das ist der Horizont, in dem heute das Wort vom Kreuz laut wird. Hier prallen Welten aufeinander. In den letzten Jahren, vor allem in jüngster Zeit, macht sich freilich eine umfassende Ernüchterung breit, die sogar in Depression, Lähmung und neue Irrationalismen umzuschlagen droht.

Es ist ja nicht nur das Programm wissenschaftlich-technischen Fortschritts, das uns zunehmend verdächtig geworden ist, seitdem wir die Folgen der Technisierung nicht nur abstrakt abschätzen, sondern diese konkret am eigenen Leib zu spüren bekommen. Offenbar hält unsere Erde den ungebremsten Abbau von Rohstoffen und den immer weiter gesteigerten Verbrauch von fossiler Energie nicht aus, – beides sind aber doch selbstverständliche Voraussetzungen globalen Fortschritts, Grundpfeiler und Eckpfeiler eines weltumspannenden Optimismus.

Es ist auch nicht nur das Zerbrechen der kommunistischen Systeme in Osteuropa und der Verlust der sozialistischen, im Kern humanistischen Hoffnungen. So schlimm es ist, daß es z. Zt. keine Leitbilder gibt, wie denn eine bessere Welt, für die es sich zu mühen lohnen würde, aussehen und erreicht werden könnte. Es ist v. a. die Wiederkehr der längst überwunden geglaubten Inhumanität, noch dazu im Herzen Europas. Es ist die Wiederkehr von Verbrechen wider die Menschlichkeit, die man doch zumindest hier bei uns, im zivilisierten und technisch wie wirtschaftlich relativ hoch entwickelten Europa, nicht für möglich gehalten hätte. Es ist der systematische Völkermord, die systematische Massenvergewaltigung, die systematische, absichtlich qualvolle Verbrennung von Kindern, die uns ebenso Not macht wie die Untätigkeit und Hilflosigkeit, mit der wir zuschauen; die abgrundtiefe Enttäuschung, mit der der moderne Mensch begreifen muß, daß nichts, aber auch gar nichts besser geworden ist mit dem Menschen, mit der Menschheit.

Es ist der Bankrott der humanistischen Werte, des Glaubens an die Vernunft und an Toleranz, an Humanität und Nächstenliebe als Elemente einer säkularen Welt ohne Gott, die Bestand zu haben glaubte auch ohne den Glauben an den Gott der Christen.
Es geht ein Erwachen durch die Köpfe der Verantwortlichen, die mit einem Mal begreifen, wie es um diese Welt nach wie vor bestellt ist; daß der Mensch sie nach dem – wie man meinte – Versagen Gottes als Weltenlenker nicht besser gemacht hat, daß sie vielmehr noch haltloser geworden ist, daß sie nicht nur böse ist;

27

daß sie ins Nichts stürzt, wo der Mensch sich programmatisch von seiner Verantwortung gegenüber dem lebendigen Gott verabschiedet; wo dieser Gott allenfalls noch im Kulturteil der Zeitungen sein Dasein fristet als schöngeistige Größe, während im Politik- und Wirtschaftsteil der Mensch die Herrschaft an sich gezogen hat. Wie hat ein großer Theologe des 19. Jahrhunderts so weitsichtig formuliert: Humanität ohne Divinität wird zur Bestialität.

Es zeigt sich: Noch das Törichte Gottes ist weiser als die Menschen; noch das Schwache Gottes ist stärker als die Menschen. Wir leben in einer unglaublich spannenden Umbruchsituation. Das Wort vom Kreuz und seine Diagnose ist heute aktueller denn je. Für den, der Augen hat zu sehen, weisen gerade die krisenhaften Ereignisse deutlich alle in eine Richtung: auf die Diagnose, die das Wort vom Kreuz abgibt über die Welt und die Menschen, die in ihr leben. M. E. kann nur das Eingeständnis des Scheiterns des Programms von Aufklärung und Moderne helfen, – und nun aber nicht die Flucht in Resignation oder Depression, in neue Irrationalismen oder dunkle, unkontrollierbare Wünsche, sondern die Umkehr des einzelnen wie der Völker zum lebendigen Gott, die Anerkenntnis, daß wir vor ihm wie füreinander verantwortlich sind und allein nicht weiter wissen.

Was ist aber, wenn diese globale Umkehr, für die wir hoffen, beten und uns mühen müssen, nicht eintritt? Auch dann gibt es Hoffnung. Hoffnung nicht für die alte Schöpfung, deren Reparatur dem Menschen nicht gelingen kann, wohl aber Hoffnung inmitten dieser vergehenden Schöpfung durch den Gott, der inmitten des Alten ein Neues, inmitten der alten eine neue Welt bereits begonnen hat: in uns, durch uns und mit uns.

6. Das Kreuz als Ausgangspunkt

Paulus hält am Wort vom Kreuz, dem verachteten und umstrittenen Symbol, dem Zeichen der Qual, des Scheiterns und des Todes, der Schwäche und Ohnmacht fest – nicht, weil es so besonders attraktiv und werbewirksam wäre. Paulus weiß, wie wenig anziehend dieses Wort ist, wie wenig es hineinpaßt in unser Denken, unsere Vorstellungen von Gott und der Welt, von der Menschheit und uns selbst. Aber gerade darum, weil er davon überzeugt ist, daß hier und nur hier offenbar wird, wie es um uns und diese Welt bestellt ist, daß umgekehrt nur hier deutlich ist, was uns retten kann und daß Gott tatsächlich Liebe ist – wie Luther sagt: ein Backofen voll Liebe –, darum und nur darum kann er auf dieses Wort vom Kreuz nicht verzichten. Darum muß er es und darum wollen wir es zum Ausgangspunkt alles dessen machen, was sonst noch und im Detail über christlichen Glauben und christliches Leben zu sagen ist.

Das Wort vom Kreuz als Kraft zum Leben – Vom Grundgesetz des Handelns Gottes

1. Lebenskunst und Glaube

Vor kurzem habe ich in meiner ehemaligen Heimatstadt Bonn der Universitätsbuchhandlung einen Besuch abgestattet. An Büchern kann ich nicht vorbeigehen, und als ich mich so umschaute, stieß ich auf einen langen Tisch, voll mit Ratgebern und Lebenshilfebüchern. Da wurde Lebenshilfe en gros angeboten. Da ging es um

– die Kunst, andere zu überzeugen
– die Kunst, den richtigen Partner zu finden oder als Single glücklich zu werden
– die Kunst, immer mehr Geld zu verdienen und immer weniger Steuern zu zahlen
– die Kunst, abzunehmen, ohne auf Leckereien zu verzichten
– die Kunst, das eigene Auto zu reparieren und
– die Kunst, das eigene Haus zu renovieren
– die Kunst, die besten, aber billigsten Schlemmerlokale zu finden
– die Kunst zu lesen wie die Kunst zu lieben
– die Kunst zuzuhören und die Kunst zu reden
– die Kunst, den Partner zu verführen und
– die Kunst, die Kinder zu erziehen.

Da ging es schließlich sogar um die Kunst, aus dem Leben zu scheiden, nämlich möglichst sicher, möglichst ohne Schmerzen, möglichst geräuschlos und ohne anderen Unannehmlichkeiten zu machen. Das alles und noch viel mehr ist offenbar machbar, »könnbar«; das alles ist in den Griff zu kriegen.

Kunst kommt etymologisch von können. »Kunst«, das war im Mittelalter die Wissenschaft, die Fertigkeit, die Beherrschung von etwas. Kunst, d. h. können; das Leben können, d. h. das Leben beherrschen, des Lebens mächtig sein. Lebenskunst – das heißt freilich für uns heute noch mehr. Es heißt, nicht nur über das Lebensnotwendige zu verfügen; das ist vielmehr selbstverständlich vorausgesetzt in unserem verfeinerten Kunst-Begriff. Lebenskunst, d. h. das Leben so leicht können, daß Lebenskunst verfeinert ist zum Lebensstil, zum savoir vivre. Das Leben können, so leicht zu können, – das ist ein Wunschtraum, ein uralter Traum des Menschen, wenn nicht sein Traum überhaupt. Es ist übrigens nicht nur ein heidnischer Traum. Wer zählt die christlichen Ratgeber-, Lebenshilfebücher, die ganz ausgesprochene Lebenskunstliteratur sein wollen? Wir sind ja als Christen-Menschen doppelt gefordert und doppelt unter Druck. Sind denn nicht gerade Christen solche, die »können«; sind nicht gerade Christen solche, die »im Leben herrschen«?

Und fällt einem da nicht spontan das Wort aus dem ersten Johannesbrief ein: »Das ist der Sieg, der die Welt überwindet: euer Glaube!« (5,4). Heißt das nicht: Das ist es, mit dem ihr auch das schwierigste Leben meistern könnt: euer Glaube! Klammer auf und im Umkehrschluß, heute noch häufiger zu hören als früher: Wer nicht überwindet, glaubt nicht, glaubt nicht richtig; wer nicht zurechtkommt, wer kein Lebenskönner ist, – kann der richtig glauben? Denn wer richtig glaubt, der kann leben; der hat ein gelingendes Familienleben, bei dem stimmt Ehe oder Partnerschaft, bei dem finden die Kinder zum Glauben; bei dem klappt es auch im Beruf – er ist ja Christ! Arbeitslosigkeit – nein danke!

Hier sind doch Glaube und so etwas wie Lebenskunst zusammengedacht oder nicht? Freilich: was heißt hier Glaube? Wozu wird hier der Glaube gemacht? Ist das der biblische Glaube? Stehen wir hier vor einem biblischen Ideal?

Um es einmal ganz scharf zu sagen: Ist solch ein Glaube Lebenskunst oder nicht etwa Lebens*lüge*! Im ersten Johannesbrief findet sich ja die ganz erstaunliche Feststellung: »Wenn wir sagen, daß wir ohne Sünde sind, betrügen wir uns selbst, und die Wahrheit ist nicht in uns« (1,8). Wenn ein Christ sagt, so müssen wir das wohl verstehen, es sei alles in Ordnung, er habe alles im Griff, dann ist das nicht Lebenskunst, sondern Lebenslüge, und die Seelsorge lehrt, gerade gegenüber solchen Fassaden äußerst skeptisch zu sein und ihnen keinen Glauben zu schenken.

Im Neuen Testament finden wir einen Text, in dem auch vom Können die Rede ist, aber nicht vom Können des Menschen, vom Können, Beherrschen des Lebens durch den Menschen, sondern im Gegenteil von seinem »Das-Leben-nicht-können«, vom Verzicht auf Lebenskunst, in dem dafür aber um so mehr die Rede ist vom Können Gottes, der Lebenskunst Gottes im Leben des Christen:

»Denn seht eure Berufung an, Brüder, daß es nicht viele Weise nach dem Fleische sind, nicht viele Mächtige, nicht viele Edle sind; sondern das Törichte der Welt hat Gott auserwählt, damit er die Weisen zuschanden mache; und das Schwache der Welt hat Gott auserwählt, damit er das Starke zuschanden mache. Und das Unedle und das Verachtete der Welt hat Gott auserwählt, das, was nicht ist, damit er das, was ist, zunichte mache, daß sich vor

Gott kein Fleisch rühme. Aus ihm aber (kommt es, daß) ihr in Christus seid, der uns geworden ist Weisheit von Gott und Gerechtigkeit und Heiligkeit und Erlösung; damit, wie geschrieben steht: Wer sich rühmt, der rühme sich des Herrn!« (1. Kor 1,26–31).

2. Ein Blick in Gottes Werkstatt

Vor einiger Zeit habe ich mit meiner Frau im Schwarzwald Urlaub gemacht. Wir nahmen die Gelegenheit wahr, mehrere Glasbläsereien zu besuchen und den Glasbläsern – diesen Künstlern – bei der Arbeit zuzuschauen.

Vielleicht ist es auch Ihnen schon einmal so gegangen, daß Sie einem Töpfer oder einer Töpferin interessiert über die Schulter geschaut haben. Es hat etwas Faszinierendes an sich, diesen Kunsthandwerkern und Könnern in ihrer Werkstatt zuzusehen.

Auch das Wort aus dem ersten Korintherbrief läßt uns in die Werkstatt eines Könners schauen – freilich nicht in die eines menschlichen Kunsthandwerkers. Paulus zeigt uns den Weltenbaumeister und Lenker der Geschichte selbt bei der Arbeit.

Wer hätte nicht schon einmal gern einen Blick in »Gottes Werkstatt« geworfen? Wer hat sich noch nicht gefragt, »was die Welt im Innersten zusammenhält«? Wie sie funktioniert? Wie Gott handelt? Denn – Lebenskunst, das Leben-können – das kann man ja nur, wenn man das Leben kennt, seine wesentlichen und bestimmenden Faktoren. Und ist nicht Gott einer der ganz wesentlichen Faktoren im Weltgeschehen wie im Leben jedes einzelnen?

Die genannten Fragen sind solche, die alle Menschen

bewegen, Fragen, um die sich die Weisen aller Völker bemüht haben. Es sind dies – wie man so sagt – »philosophische« Fragen. Der Philosoph ist ja Freund der Weisheit; der, der nach Weisheit (griechisch: *sophia*) sucht.

Paulus weiß das. Das ganze erste und zweite Kapitel seines Briefes an die Gemeinde in Korinth beschäftigt sich mit der *sophia*, mit der Weisheit – mit der Lebenskunst – freilich durchweg kritisch! Paulus nimmt bei seinem Nachdenken dabei Bezug auf damals gängige philosophische Strömungen, deren Begriffe noch heute eine Rolle spielen. Es geht ihm – wie wir weiter sehen werden – um Philosophie, um Weisheit, Lebens-Weisheit, auch um Lebenskunst: um das Können und das Nicht-Können.

Wenn wir uns den Abschnitt aus seinem Brief genauer ansehen, entdecken wir freilich, daß er unserer landläufigen Philosophie und Lebensweisheit, dem, was wir unter Lebenskunst und Lebensweisheit gemeinhin verstehen, diametral widerspricht, ja daß er – wie ich meine – eine echte Provokation bedeutet.

3. Paulus als Philosoph

Wir lesen:
– Das Törichte der Welt, also das, was dumm, beschränkt, sinnlos, auch hilflos ist in den Augen unserer Gesellschaft, Öffentlichkeit, das hat Gott auserwählt, damit er die Weisen zuschanden mache; hier widerspricht Paulus allem, was man allgemein für klug, weise, vernünftig hält;
– Das Schwache der Welt hat Gott auserwählt, damit er das Starke zuschanden mache: hier widerspricht Paulus allem gängigen Streben nach Lebens- und Überlebens-

kunst, allem Handeln-Können, allem Leben-Können; hier widerspricht er aller gängigen Moral, – all dem, was das Leben nach landläufigen Maßstäben doch auch lebenswert macht.

Und als ob das noch nicht genug wäre, versteigt sich Paulus – so scheint es fast – zu der Behauptung: ». . . und das, was nicht ist, hat Gott auserwählt, damit er das, was ist, zunichte mache.« Hier widerspricht er sogar *unseren* logischen Denkgesetzen.

Hier stehen wir vor einer ganzen Reihe von Problemen: Wird hier nicht unsere gesamte Weltordnung, unsere Lebens-Weisheit wie Lebenskunst über den Haufen geworfen, unser Bemühen, sich im Leben zurechtzufinden und zurechtzukommen? Kommt es denn nicht darauf an, stark zu sein, edel, weise, und heißt das nicht lebensfähig? Woher nimmt Gott das Recht, an diesen bewährten Werten, an diesen bewährten Zielen, an dieser bewährten Orientierung vorbeizugehen? Ist das nicht Nihilismus? Das, was ist, was etwas darstellt, was zu Recht stolz sein kann auf sich, zu zerstören, zunichtezumachen? Schlimmer noch: Bedeutet das nicht Anarchie?

Und dann: geht denn das logisch überhaupt, daß Gott das, was nicht ist, erwählt? Kann man etwas erwählen, das gar nicht da ist? So müssen wir doch fragen.

Andere wiederum mögen gegen Paulus einwenden: Wird hier nicht der für unser Denken elementare Gleichheitsgrundsatz verletzt? Ist Gott nicht Freund *aller* Menschen? Wie kommt er dazu, einige zu erwählen, andere aber zu beschämen oder gar zuschanden zu machen (wie man auch übersetzen kann)? Ist Gott nicht einfach – wie wir so gerne sagen – »der liebe Gott«?

Auch hier wissen wir ja schon ganz genau, wer Gott ist und wie er handelt. Daß das Heil aus den Juden kommt, ist eine Zumutung für unser Denken. Daß Gott mit einigen mehr anfangen kann als mit anderen – das paßt uns ganz und gar nicht; denn das würde ja bedeuten, daß wir nicht alle gleich unmittelbar zu Gott sind, daß es schon darauf ankommt, wie wir uns verhalten, wie wir leben!

Paulus als »Philosoph«? Denken beim Glauben? Das ist schlimm genug. Aber ein *solches* Denken – ist das nicht zuviel verlangt? Woher nimmt Paulus das Recht zu diesen herausfordernden Aussagen?

Mit dieser Frage, mit diesen kritischen Anfragen, stehen wir nicht allein. Es gibt viele Versuche, die Aussagen unseres Textes zu entschärfen. V. a. der Vers über das Sein und Nicht-Sein (V. 28) ist vielen ein Dorn im Auge, die die Bibel von Berufs wegen auslegen.

Da meint der eine, man dürfe Paulus hier gar nicht so ernst nehmen. Er rede rhetorisch und nicht streng philosophisch; d. h., es ging ihm hier eigentlich um einen Effekt, aber nicht um eine Sache. Ein anderer meint: Das, was nicht ist, das seien doch die, die »nichts *gelten*«. Auch hier steht die Überlegung dahinter: Wie kann man eine so radikale Aussage über die Wirklichkeit psychologisch so abschwächen, daß sie für uns akzeptabel und damit verständlich wird?

Aber so billig kommen wir hier nicht weg. Paulus steigert sich zwar, aber gerade in dem Vers über das Sein und Nicht-Sein bringt er die Sache ja erst auf den Punkt. Die Worte, die er hier gebraucht, liegen dem philosophischen Fachbegriff »Ontologie« zugrunde. Wir stehen vor Aussagen von größter Tragweite. Hier geht es tatsächlich ums Ganze.

Und auf den zweiten Einwand, Paulus rede von denen, die nichts *gelten* und nicht von denen, die nicht etwas *sind*, antworten wir: Wenn Paulus schon zuvor von den »Verachteten« gesprochen hat, wieso soll er sich dann hier noch einmal wiederholen? Denn was ist der »Verachtete« anderes als einer, der »nichts gilt«? Nein, es geht um mehr. Es geht ums Ganze; es geht um unser Leben, unsere Existenz, um das Leben-Können. Wenn also alle diese Erklärungsversuche, diese Verharmlosungen nicht stimmig sind, was dann? Wie ist Paulus zu verstehen? Was meint er dann?

Wir sind mit diesen *Fragen* an einer entscheidenden Stelle angelangt. Wir stehen vor einer Weichenstellung: Wollen wir *unser* Verstchen oder Nicht-Verstehen, unsere Verstehensmöglichkeiten zum Kriterium machen? Wollen wir unser Denken, unsere »Philosophie«, unsere Weisheit, unser Leben-Können dem Text aufzwingen? Denn daß auch wir eine »Philosophie« haben, das merken wir ja sehr deutlich. Warum sollte uns das, was wir hier bei Paulus lesen, sonst so sehr befremden und so anstößig sein?

Noch einmal: Wollen wir den Text an unserer Elle messen, wollen wir ihm unsere Verstehensbedingungen aufzwingen, oder wollen wir zunächst einmal – im Wissen um alle Probleme, die wir mit Paulus hier haben – versuchen, uns auf das biblische Denken in seiner Andersartigkeit einzulassen?

Letzteres ist genau das, was Paulus fordert, wenn er vom »vernünftigen Gottesdienst« spricht, von der Erneuerung unserer Sinne, unseres Geistes, unseres Denkens (Röm 12,1–2). Es ist dies keine Frage des IQ, sondern der Demut und Offenheit. Wir suchen nach

Orientierung, wir fragen nach Anhaltspunkten, die uns weiterhelfen können. Aber wie oft schrecken wir vor allem zurück, was andersartig, ungewohnt, fremd ist. Wenn wir die Bibel als Gegenüber wirklich ernstnehmen wollen, dann müssen wir fragen, was denn Paulus meint, wenn er von dem spricht, was nicht ist, und von dem, was ist und was Gott zunichte machen, entmachten, entmächtigen will. Dann müssen wir fragen, warum Gott unserer Lebenskunst so kritisch gegenübersteht, und umgekehrt, wie Paulus sich das denn vorstellt: das Leben-Können, im Leben bestehen.

Notwendig ist zunächst einmal, daß wir uns auf das biblische Denken einstellen. Wenn *wir* darüber sprechen, ob etwas ist oder nicht ist, dann kennen wir nur ein Ja oder Nein; »es existiert« oder »es existiert nicht«. Die Bibel, hier konkret Paulus, denkt anders. »Das, was nicht ist«, das meint: den glimmenden Docht, etwa einer Öllampe, der fast, aber noch nicht ganz aus ist, der keine Kraft mehr zum Leuchten hat, der zwar noch nicht ganz erloschen ist, aber auch nicht mehr brennt. Oder wir denken an ein anderes biblisches Bild: den geknickten Halm, der nicht abgestorben ist, der aber auch keine Kraft mehr hat weiterzuleben. Der glimmende Docht und das geknickte Rohr – das sind die Gegenstände von Gottes Zuwendung. »Das geknickte Rohr wird er nicht zerbrechen, und den glimmenden Docht wird er nicht auslöschen« (Jes 42,3).

Die Bibel denkt Wirklichkeit nicht primär in hergebrachten Bahnen griechischer Logik, sie denkt vielmehr hebräisch in Kategorien von Macht, Kraft, Wirklichkeitsmächtigkeit.

Diese Sicht ist von einer überraschenden Aktualität, nicht nur philosophisch. Jedes Wesen ist dadurch gekennzeichnet, daß es sich selbst behaupten, sich selbst begründen will, das Leben selbst können, seiner und womöglich der anderen mächtig sein will. Der Philosoph Friedrich Nietzsche bringt diesen Sachverhalt auf die griffige Formel: Der Mensch ist seiner Natur nach »Wille zur Macht«. Vom Kindergarten über die Schule bis in die Wirtschaft und Politik, ja bis in die Gemeinde, selbst den Gottesdienst hinein geht es nur um das eine: bestehen wollen, stark zu sein, Kraft, Macht zu haben auch über andere. Das wissen wir alle, das haben wir alle erfahren. Da müssen wir nicht nur an die große Politik denken, da reicht schon der Blick auf das Verhältnis zum Partner, zu den Kindern, zu den Menschen, mit denen wir täglich umgehen müssen, nicht zuletzt auch in der Gemeinde. Was können wir durchsetzen? Wie schaffen wir es, uns durchzusetzen mit dem, was *uns* unverzichtbar zu sein scheint?

Dem Schwachen, dem Nicht-Könner, steht in unserem Text der Starke, der Könner gegenüber. Dem Verachteten entspricht der Edle, Anerkannte, Geachtete: dem, was – biblisch gesprochen – »nicht ist«, entspricht auf der anderen Seite das »was ist«, also das, was in sich Bestand hat, aus sich heraus lebt, kräftig und mächtig ist oder besser: zu sein glaubt.

Das Problematische, das Paulus uns nun verrät, ist, daß nicht einfach gilt: Gott hilft dem Tüchtigen; Gott ist auf Seiten der Lebenskönner, Lebenskünstler, Überlebenskünstler mit ihren Ellbogen; daß nicht gilt: Gott steht auf der Seite der Starken, derer, die das Geschehen doch offensichtlich bestimmen, in der Hand haben. Gott steht nicht auf der Seite der Macher, derer, die alles im Griff haben oder besser: zu haben meinen. Paulus mutet uns vielmehr zu, mit etwas ganz anderem zu rechnen! Gerade dort, wo rein menschlich gesehen nun wirlich nichts mehr los ist, will Gott am Werke

39

sein, will er Gemeinschaft mit Menschen. Und da, wo Macht ist, wo Menschen in eigener Machtvollkommenheit die Geschicke lenken, erfolgreich sind, da ist der Weltenlenker gerade nicht am Werk. – Es fällt uns schwer, das zu glauben. Aber genauso handelt Gott – laut Paulus.

Wer nun fragt: Warum ist das so? und: Warum sollen wir dem Paulus das abnehmen?, der braucht seinen Verstand nicht abzuschalten, der erhält Antwort.

Wie Paulus hier argumentiert, das ist nicht nur eine rhetorische, sondern auch eine denkerische Meisterleistung. Er spricht vom Sein und nimmt damit einen Zentralbegriff griechischer Philosophie auf. »Sein« und »Seiendes« – das sind ja ihre Grundworte. Menschen haben immer gefragt, was ihr *Sein* ausmacht. Wer so von sich und der Welt redet, der versteht sich unabhängig von Gott, der sieht sich unabhängig von Gott, wohlgemerkt: von dem biblischen Gott, dem lebendigen Gott, nicht dem Gott der Philosophen. Schon ein solch menschliches Denken ist aber Aufstand gegen den Gott, der der Schöpfer der Welt ist und Herr der ganzen Wirklichkeit sein will. Denn es behauptet ja etwas, was unabhängig von Gott existieren soll und zu denken ist. Es ist in diesem Zusammenhang interessant und überaus bezeichnend, daß die hebräische Sprache des Alten Testamentes keine Abstraktbegriffe wie »Natur« oder »Geschichte« oder gar »Wirklichkeit« kennt. Die Erfahrung des lebendigen Gottes läßt es nicht zu, daß man über Wirklichkeit in einer *abstrakten*, von Gott *absehenden* Weise redet.

40

4. Gott als das, »worauf du dich verlassen kannst«

Auf unterschwellige, für Paulus naheliegende und für seine Leser verstehbare Art erinnert er die Korinther daran, daß Gott schon in der Geschichte Israels in unüberbietbarer Weise beansprucht und erwiesen hat, *»die Wirklichkeit«* zu sein, mit der man rechnen muß; die Macht zu sein, die alles bestimmt.

Es geht in letzter Härte darum: *Gott* ist die Wirklichkeit, das, was wirksam ist, was universal herrschen will. So hat er sich Mose in jener denkwürdigen Stunde vor dem brennenden Dornbusch vorgestellt. Auf die Frage: »Wer bist du? Was soll ich dem Volk Israel über deine Identität sagen? Wie kann ich sie davon überzeugen, daß sie sich auf dich, deine Zusagen verlassen können angesichts des mächtigen Feindes?« antwortet Gott, der Herr: »Ich bin, der ich bin.« Dem Sinne nach übersetzt heißt das: *»Ich* bin die Wirklichkeit, auf die ihr euch verlassen könnt und mit der ihr rechnen müßt. *Ich* bin das Sein! Ich bin der Seinsmächtige; ich bin der, der kann!« (2. Mose 3,14). »So sollst du zu den Kindern Israels sagen: Der Gott eurer Väter, der Gott Abrahams, Isaaks und Jakobs, hat mich zu euch gesandt«, der Gott also, der sich bereits in der Geschichte der Väter bewährt und seine Macht und Wirklichkeit unter Beweis gestellt hat.

Alles, was *aus sich heraus* sein will, alles, was – biblisch gesprochen – »ist«, was aus sich heraus meint, bestehen zu können, das Leben zu können, nimmt nicht teil an dieser Quelle allen Lebens, kapselt sich ab und täuscht sich über die eigenen Lebensmöglichkeiten: »Denn, wenn jemand meint, etwas zu sein, während er doch nichts ist, so betrügt er sich selbst« (Gal 6,3).

Es geht um das erste Gebot: Es geht darum, daß wir wahrnehmen und ernstnehmen: »Ich bin der Herr, dein Gott, der dich aus Ägyptenland herausgeführt hat. Du sollst keine anderen Götter (Mächte) haben neben mir.« Das heißt: Du sollst dich auf nichts anderes verlassen; denn sich auf etwas anderes zu verlassen, wäre dumm (töricht), weil es falsch wäre.

Es zeigt sich: Das Befolgen des ersten Gebotes ist keine Frage der Moral, sondern des Überlebens. Es geht nicht darum, den Menschen klein zu machen, zu nichts zu machen, abzuwerten. Es geht nur darum, ihn vor einer unheilvollen Selbstüberschätzung zu bewahren. Paulus will helfen zum Leben, zum Können des Lebens, zur »Lebenskunst«: *Darum* sagt er: Das logische Ergebnis der Trennung von Gott als Quelle des Lebens ist der Tod (Röm 6,23). Leben gibt es nur im Anschluß an die Quelle des Lebens, an das Kraftwerk Gottes. Paulus macht deutlich: Wer selbständig leben will, wer aus sich heraus stehen, bestehen will, wer sein Leben, seinen Willen, sein Handeln und Denken nicht der Herrschaft Gottes unterstellt, wer unabhängig von Gott sein will, der streitet schon damit gegen den Gott, der der Schöpfer und Herr der ganzen Welt ist und von dem das ganze All abhängt.

Am Zentralbegriff griechischer Philosophie, dem »Sein«, deckt Paulus das Grundübel menschlicher Existenz auf. Der Mensch ist »Wille zur Macht«, will Macht sein und haben, aus sich heraus leben und »das Leben können«, und er steht schon damit auf gegen die Herrschaft und die Wirklichkeit des lebendigen Gottes.

Martin Luther hat diesen Sachverhalt einmal ungemein plastisch so ausgedrückt: Der Mensch kann nicht wollen, daß Gott Gott ist; vielmehr möchte er, er wäre Gott und Gott wäre nicht Gott.[1]

Der Mensch steht darum in lebensgefährlicher Konkurrenz zum Machtzentrum des lebendigen Gottes. Es ist darum logisch (wenn man so will, »theo-logisch«): der Mensch, der autonom, der sich selbst Gesetz sein will, der aus eigener Kraft leben will, der das Leben selbstmächtig können und gestalten will, dieser Mensch widerstreitet der Herrschaft Gottes.

Wenn es heißt, daß Gott das, was ist, also das Seiende, entmachten, entmächtigen wird, dann ist dies eben der Hinweis auf den Gott Israels und Vater Jesu Christi als die höchste Macht, die sich gegen alle Widerstände end-lich durchsetzen wird.

5. Gottes Kraft wird in – unserer – Schwachheit vollbracht

Umgekehrt gilt, und das ist nun die wirklich gute Nachricht: Gott kann, will und wird da wirken, wo Menschen ihm in ihrem Leben Raum geben. Er kann, will und wird da gemeinsame Sache mit den Menschen machen, wo diese ihn Herr sein lassen; er kann, er will und er wird seine Macht da zur Geltung bringen, wo Menschen nichts von sich und alles von ihm erwarten. Er wird den Beweis des Geistes und der Kraft dort antreten, wo wir nicht mehr um jeden Preis mit dem Kopf durch die Wand wollen (1. Kor 2,4); er wird zeigen, daß das Reich Gottes in unserem Leben, in unserem Alltag nicht in Worten, in bloßem Geschwätz besteht, sondern in Kraft. Er wird das tun, wo und wenn wir seinem Wirken nicht mehr mit unserer Kraftmeierei, die letztlich nur Schwäche ist, im Wege stehen. Gott kann, Gott wird in unserem Leben können, wenn und sofern wir unser Leben nicht selbst können wollen. Was hier in den Blick kommt, das ist das *Grundgesetz des Wirkens Gottes* in dieser Welt.

Einerseits finden wir in den Evangelien den wirklich erstaunlichen Satz: »Er (Jesus) konnte dort (in seiner Vaterstadt Nazareth) kein Wunderwerk tun, außer daß er einigen Schwachen die Hände auflegte« (Mk 6,5). Er konnte im Leben dieser Menschen nichts tun, eben weil er bei ihnen keinen Glauben, keinen Eingang fand. Andererseits sagt der erhöhte Herr dem nach Befreiung aus Schwachheit und Krankheit, um Können ringenden Paulus zu: »Meine Gnade genügt dir, denn meine Kraft wird in Schwachheit vollbracht« (2. Kor 12,9). Und Paulus fügt hinzu, was als Korrektiv gelten kann und muß gegenüber einem mancherorts vertretenen Glauben, ein Christ könne eigentlich nicht krank sein, Krankheit und Schwäche und Nicht-Können seien letztlich ein Zeichen von Unglauben: »Sehr gerne will ich mich nun vielmehr meiner Schwachheit rühmen, damit die Kraft Christi bei mir wohne. Deshalb habe ich Wohlgefallen an Schwachheiten, an Mißhandlungen, an Nöten, an Verfolgungen, an Ängsten – ich füge hinzu: am Nicht-Können – um Christi willen; denn wenn ich schwach bin, dann bin ich stark« (2. Kor 12,9b–10).

Hier spricht kein Masochist, der das Leiden sucht und es genießt. Hier spricht auch niemand, der sich faul auf einer bloß vorgetäuschten Unfähigkeit, sein Leben selbst zu gestalten, ausruhen würde. Hier spricht – im Gegenteil! – jemand, der seine Grenzen, seine Hinfälligkeit erfahren hat. Hier spricht jemand, der erfahren hat, daß gerade das Leiden und die Schwäche, die Not und das Nicht-Können in Gottes Hand ein Instrument zum Leben werden kann.

Dieser Gott der Bibel hat einen unausrottbaren Zug in die Tiefe. Es zieht ihn wesensmäßig zu den Verlorenen, den Hilflosen, zu denen, die nichts sind und die »nicht sind«. Ihnen gilt – das *ist* gegen jede menschliche Logik – sein Interesse; sie hat er erwählt. Ihnen stellt er, der große Schöpfer und Lebens-Könner, seine Macht zur Verfügung.

6. Scheitern an Gottes Niedrigkeit und Schwäche

Es gilt nun freilich auch das Umgekehrte: Der Gott, der sich herabläßt, der sich um unsertwillen demütigt, dessen ganzes Wesen Dienst ist, der sich um unsertwillen »zu nichts macht« (Phil 2,7), sagt nicht nur: »Kommet her zu mir!«, er sagt auch: »Die Gesunden bedürfen nicht eines Arztes« (Lk 5,31).

Wer an diesem dienenden, nahen, demütigen Gott vorbeigeht, weil er es besser weiß, weil er zuviel weiß, weil er sich selbst genug ist, weil er das Leben vermeintlich selber kann, der hat sich selbst ausgetrickst, der hat sich selbst ins Abseits gestellt; dem ist nicht mehr zu helfen.

Darin liegt das eigentlich Unheimliche, ja, das Gefährliche des Evangeliums, daß es so leicht ist, an diesem Gott vorbeizugehen, der so viel Macht hat, sich uns aber so gar nicht aufzwingt; der der Herr ist, uns seine Herrschaft aber so wenig aufdrängt! Der scheinbar starke, in Wirklichkeit schwache Mensch scheitert an dem scheinbar schwachen, in Wirklichkeit starken Gott (1. Kor 1,25; 2. Kor 13,4).

In der Begegnung mit diesem Gott vollzieht sich ein Wechsel, der uns widersinnig erscheint, in Wahrheit aber nur logisch, ganz einsichtig ist: Das, was ist, wird zu dem, was nicht ist, auf die Dauer, im Endeffekt keine Chance haben; wer sich auf sich, auf Menschen, auf die scheinbar so notwendige Lebenskunst verläßt, ist auf die Dauer verlassen.

Und das, was nicht ist, gewinnt ewige Dauer und unverlierbare Substanz, weil es sich auf den verläßt, auf den letztlich allein Verlaß ist.

Denn die, die meinen, das Leben zu können, aus sich heraus leben zu können, gehen an Gott, der Quelle des Lebens, vorbei. Und die, die ihr Nicht-Sein aushalten und für Gott offenhalten, gewinnen unverlierbares Sein, indem sie Gott ihr Nicht-Sein füllen lassen, seine Kraft ihre Schwachheit füllen lassen.

Es bleibt die Frage: Woher weiß Paulus das eigentlich alles? Woher will er das so genau wissen? Antwort: Er weiß auch hier nichts anderes als Christus und ihn als gekreuzigt (1. Kor 2,2). Wir erinnern uns an das Fundament, den Grundsatz christlichen Glaubens, wie wir ihn bereits oben (siehe Kap. I) erläutert haben. Das Kreuz ist ja der beste Anschauungsunterricht für den starken Menschen, der den schwachen Gott nicht braucht, auf seine leise Stimme nicht hören muß. Es ist der beste Anschauungsunterricht für die Ohnmacht Gottes angesichts eines menschlichen Verhaltens, eines vermeintlichen Das-Leben-Können, das sich ihm verweigert. Der Gesunde lehnt den Arzt ab; der, der sich für gesund hält, wehrt sich mit aller Kraft gegen die bedrohliche Diagnose und verbietet dem Arzt den Mund. Wir sehen freilich auch den umgekehrten Sachverhalt. Es ist ja kein Zufall, daß Jesus von Zeitgenossen das Etikett angehängt wird: »ein Fresser und Weinsäufer, ein Freund von Zöllnern und Sündern« (Lk 7,34). Dieser ißt mit dem Abschaum der Gesellschaft und hat Kontakt zu unmoralischen Gesellen. Wir sind eingeladen, uns dieser Gesellschaft anzuschließen; eingeladen einzusehen, daß wir dazu gehören; eingeladen, uns bei denen einzufinden, die vielleicht einmal meinten, Lebenskünstler zu sein, das Leben zu können; die das nun aber besser wissen und sich die Gemeinschaft dessen gefallen lassen, der allein das Leben ist, das Leben kann, der auch ihr Leben kann, ihr Leben in Ordnung bringen, in Ordnung halten und gestalten kann; eingeladen, uns entweder dort einzufinden, wo Jesus ist und wo er helfen will, wo er allein wirken kann, – oder aber auf der Seite der Frommen und Rechtschaffenen zu stehen, der »Pharisäer«, derer, die ihn nicht nötig haben.

Der Satz »Die Gesunden bedürfen nicht eines Arztes« (Lk 5,31) wird hier in seiner gefährlichen Doppelbödigkeit erkennbar. Sicher, die Gesunden benötigen keinen Arzt, aber: wer ist vor Gott gesund? Wer bedürfte nicht der Heilung in dieser entscheidenden Hinsicht? Aber eben auch die lehnen einen Arzt ab, die meinen, bloß meinen, sie wären gesund; manchmal sind gerade und besonders sie es, die sich wehren – bis zum bitteren Ende.

Alles kommt darauf an, daß wir Gott die Chance geben, unser Arzt, unser Leben, unser Ziel, unsere Orientierung, unser Lebenskünstler, der Könner unseres Lebens zu sein.
Wenn der Mensch tatsächlich Ziel seiner Selbst sein kann, sich selbst Orientierung sein kann, wenn er sein

47

Leben tatsächlich selbst gestalten kann, in die Hand nehmen, »können« kann, wenn er sich tatsächlich letzter Sinn sein kann, wenn das Programm der Moderne richtig und stimmig ist – *dann* können wir diesen Gott »vergessen«, dann brauchen wir ihn nicht. Freilich – Zweifel sind erlaubt. Und wie schon lange nicht mehr beginnt eine breitere Öffentlichkeit darüber nachzudenken, ob denn der Abschied von Gott und die Machtübernahme des Menschen in der Neuzeit tatsächlich alles zum Besseren gewendet hat.

Daß wir Paulus nicht mißverstehen! Er meint nicht, daß es Gott nur mit Jammerlappen kann. Er meint nicht, daß Christen nur wie Trauerweiden herumlaufen. Im Gegenteil!

Ihn beschäftigt vielmehr die Frage: Wie leben wir mit dem, was uns in manchen depressiven Phasen über uns deutlich wird; was wir in manchen hellsichtigen Momenten über uns erkennen, aber dann schnell, allzu schnell verdrängen? Wie leben wir mit dem, was sich uns in Lebenskrisen über die Zerbrechlichkeit unserer Lebenskonzepte, die Hohlheit unserer Lebensorientierung, die so vordergründige Weisheit unserer Lebenskunst aufdrängt? Wie leben wir ohne die angemaßte Selbstherrlichkeit im Wissen um unsere letzte Substanzlosigkeit, unser Ausgeliefertsein, unsere Endlichkeit, unsere Sterblichkeit? Wer hält das, wer hält sich auf die Dauer aus? Wer wagt es und wer schafft es, sich dauernd und ehrlich ins Gesicht zu sehen, ja noch mehr: sich so zu sehen, wie Gott uns sehen muß?

Liegt nicht hier das eigentliche Problem für uns? Wir verfügen eben nicht über das Nicht-Sein und über das Nicht-Können, das unter der Verheißung steht, von der Paulus hier spricht. Und wo wir es erfahren, fliehen wir es meist. Gerade die spezifische Qualität des Arm-Seins, der Schwäche, des Nicht-Seins, von der unser Text spricht, ist uns entzogen.

Stehen wir nun nicht wirklich ohnmächtig vor dieser Enthüllung des Willens und Wirkens Gottes?

Wenn wir so fragen, dann stehen wir genau da, wo Gott uns haben will. Wenn wir ihm bekennen: »Wir können aus eigener Kraft noch nicht einmal schwach sein; wir reagieren auf unser Nicht-Können oft – in der Regel? – nur mit vermehrtem, um so verzweifelterem Können-Wollen; unser Wille zur Macht steht deiner Herrschaft über unser Leben unausrottbar entgegen«, – wenn wir das mit Gottes Hilfe einsehen, dann kann, will und wird Gott sich gerade dieser Schwäche bedienen und mit unserer Ohnmacht wirken. Dann stehen wir vor dem, was Rechtfertigung der Gott-losen meint. Rechtfertigung der Gottlosen, das ist Rettung derer, die eingesehen haben, daß sie aus sich heraus nicht leben, existieren können und die sich in diesem Wissen an Gott wenden. Der Theologe Ernst Käsemann hat einmal gesagt, daß es *nur* eine Rechtfertigung der Gott-losen gibt, daß es nur eine Rettung gibt für die, die bleibend um ihre Verlorenheit, um die Brüchigkeit und Substanzlosigkeit, ja die letzte Sinnlosigkeit ihres Lebens wissen und sich in ihrer Ausweglosigkeit, ihrem Nicht-Können und ihrer Verzweiflung an Gott wenden. Das ist eine demütigende und zugleich unglaublich befreiende Auskunft. Wir können Gott grundsätzlich nicht anders – auch *nach* unserem Christ-Werden nicht – begegnen als mit leeren Händen. »Nichts hab ich zu bringen, alles, Herr, bist du.« (EKG 527) Wenn wir das in der Tiefe nachvollziehen, dann ist es richtig, so altbacken es vielleicht für manch einen klingt. Es geht darum, Gott zu begegnen wie der Zöllner im Gleichnis Jesu vom Pharisäer und Zöllner im Tempel: »Gott, sei mir, dem Sünder, gnädig!« (Lk

18,13). Wer Gott so begegnet, dem gilt dann auch die Rechtfertigung und die Zusage: »Dieser ging gerechtfertigt hinab« (Lk 18,14).

Gottlos sein, das heißt in erster Linie nicht, sich unmoralisch zu verhalten, verwerflich denken und handeln. Gottlos sein heißt wörtlich: gott-los sein, ohne Gott leben, ohne Anschluß an die Quelle des Lebens. Die eigene Gottlosigkeit einsehen heißt gewahr werden, daß ich abgeschnitten bin von der Quelle des Lebens, daß ich von Gott getrennt bin, Gott los bin, weil ich vor diesem Gott nicht bestehen kann.

Der Kernsatz des christlichen Glaubens lautet nun: Gott reicht es, wenn wir wie der Zöllner im Gleichnis vom Pharisäer und Zöllner im Tempel einsehen, wie es faktisch um uns bestellt ist, und wenn wir an ihn appellieren, diesen Zustand zu ändern. Was den christlichen Glauben mit vielen Religionen verbindet, ist die Einsicht zumindest in die *Notwendigkeit* – wenn auch nicht Wirklichkeit! – von Rechtfertigung und Vergebung und die Einsicht in die Verlorenheit des eigenen Lebens. Was den christlichen Glauben dagegen von allen anderen Religionen trennt, ist einerseits die Zumutung: »Du kannst daran nichts ändern« und andererseits die Zusage, das Evangelium: »Du brauchst das auch nicht! Gott nimmt dich an, wie du bist, wenn du das nur willst!« Nichts kann besser beweisen als die Leiden und der Tod, die sein Sohn Jesus Christus auf sich genommen hat, daß Gott vor allem den einen Wunsch hat, den Menschen in Kontakt mit sich zu bringen. Nichts kann freilich auch besser beweisen als der Tod Christi, also das höchste denkbare Opfer, daß es nur Gott selber möglich war, unsere Gott-losigkeit zu überwinden, indem er sich dieser gottlosen Welt aussetzte und uns Menschen als Gott ein Mensch wurde. Hier stehen wir vor dem tiefsten, dem letzten, dem gravierendsten Bankrott aller menschlichen Lebenskunst: dem Nicht-Können im Verhältnis zu Gott, diesem Gott nicht begegnen zu können, diesem Gott aus eigener Kraft noch nicht einmal mehr begegnen *wollen* können.

7. Glaube als begründetes Wagnis

Wir sahen: Der »Philosoph« Paulus argumentiert gar nicht so abgehoben. Das, was er sagt, will uns bedrängen. Das, was zunächst spekulativ zu sein scheint, wird auf einmal sehr konkret. Sein Reden über Sein und Nicht-Sein entlarvt uns in unserem Trieb, uns unabhängig von Gott selbst zu begründen und zu bestimmen.

Es bleibt eine Frage übrig, die nicht nur in Philosophie und Wissenschaft von Bedeutung ist, sondern Bedeutung hat für jeden, der vernünftig lebt. Die Frage lautet: Warum soll ich das glauben? Woher weißt du das alles, Paulus?

Es ist dies die eigentliche Testfrage dafür, ob wir in Paulus nur einen weltanschaulichen Spekulanten mit interessanten, mehr oder weniger unverbindlichen Ideen vor uns haben oder ob wir ihn ernst nehmen müssen, ob wir auf sein Wort hin unser Leben aufs Spiel setzen können. Denn um nicht mehr oder weniger geht es.

Diese Frage wird um so bedrängender, je mehr wir »im Leben stehen«, das Leben können müssen, ob wir wollen oder nicht. Gerade der, der weiß, wie es zugeht, gerade der wird fragen: Müssen wir nicht stark sein? Müssen wir nicht Wille zur Macht sein? Müssen wir uns nicht auf uns selbst stellen? Wäre nicht alles andere weltferne Träumerei, die allenfalls hinter Kirchenmauern ihr Recht hat? Paulus bleibt uns auch hier die Antwort nicht schuldig. Was er schreibt, verkündet er nicht aus eigener Machtvollkommenheit.

Paulus spekuliert nicht über Geschichte. Er hat sie erfahren. Er selbst wußte vor seiner Christus-Begegnung zu gut und zu genau, wer Gott ist und wie er nicht ist: daß es dieser Jesus von Nazareth auf keinen Fall sein kann, das war für ihn klar, bis er sein Damaskus-Erlebnis hat, bis er dem Messias Israels, der der Herr der ganzen Welt ist, vor Damaskus begegnet. Er weiß nun, daß der lebendige Gott mit diesem einen, mit Jesus von Nazareth, inmitten dieses ganzen Strebens nach Macht, Geltung und Selbstbehauptung, ein Neues, ganz anderes begonnen hat. Er weiß seit der Begegnung mit dem auferstandenen Herrn: Diese Welt wird zwar scheinbar bestimmt von dem autonomen Erfolgs- und Machtmenschen, von autonomen Lebenskünstlern und selbst-bewußten Lebens-Könnern. Aber es gibt in ihr einen Gegentrend. Inmitten dieses Gewimmels der Welt gibt es eine unscheinbare, für viele nicht sichtbare Gegenbewegung: Sie hat ihren Ausgangspunkt in der Geburt des Kindes in der Krippe. Sie hat ihren Tiefpunkt am Kreuz des Gottessohnes. Aber sie wird damit enden, daß Jesus Christus alle Herrschaft und alle Gewalt und Macht entmachten und das Reich dem Gott und Vater übergeben wird (1. Kor 15,24). Paulus weiß: Die Gestalt *dieser* Welt vergeht (1. Kor 7,31).

Christen leben zwischen den Zeiten oder besser: in zwei Welten. Sie nehmen die Realität einer Welt ernst, deren Wirklichkeit nicht zu bestreiten ist, deren Hinfälligkeit aber gerade in ihrer Eigenmächtigkeit, in ihrer Autonomie gegenüber Gott begründet ist. In *dieser*

Welt leben sie als solche, die eben dieser Welt nicht gleichförmig sind (Röm 12,2).

Ihr Verzicht auf Eigenmächtigkeit und Selbstbehauptung bedeutet für sie einerseits äußerste Gefährdung: Sie sind gesandt wie Schafe unter die Wölfe.

Andererseits aber öffnet dieser Verzicht ihr Leben für die Herrschaft Gottes. Er stellt es damit unter eine Verheißung, die wir zu bewähren haben, deren Wirklichkeit aber schon Paulus erfuhr: »Laß dir an meiner Gnade genügen. Denn meine Kraft wird in Schwachheit vollbracht« (2. Kor 12,9). Mein Können kommt gerade in diesem Nicht-mehr-können-Wollen zum Zuge.

Hans Joachim Iwand faßt diesen Sachverhalt zusammen, indem er an die Verheißung Jesu in der Bergpredigt erinnert: Gott »wandelt Schwachheit in Kraft. Er ist der Schaffende. Der Mensch ... lebt aus dem, was er ist. Aus seinen Möglichkeiten. Aber durch den Geist Gottes leben wir aus dem, was wir nicht sind. Durch ihn sind die Armen Erben der Gottesherrschaft, die Leidtragenden die, die reicher Trost erwartet, durch ihn werden die Hungrigen satt und erheben sich die zu Boden Geworfenen. Wer immer sich dem Geist Gottes, dieser seiner schaffenden und umschaffenden Gnade unterstellt, der will sich und sein Leben nicht mehr begreifen, sondern er geht Wunderwege an der Hand dessen, der alles neu macht.«[3]

53

8. Gottvertrauen schafft Lebenskünstler

Wir sind zunächst zu einem sehr kritischen Urteil gekommen über die moderne Maxime: das Leben zu können, Lebenskünstler zu sein. Wir haben gesehen, daß sie in direktem Gegensatz steht zu der Art und Weise, wie der Gott der Bibel wirkt.

Es wäre nun freilich abschließend zu fragen, ob wir auf der skizzierten biblischen und darum ganz anderen als säkularen Basis nun nicht auch sehr positiv zum Thema Lebenskunst Stellung beziehen können. Ich möchte noch ein Stück weitergehen und fragen: Kann vielleicht *nur* auf dieser biblischen Basis, aus der Einsicht in das Können Gottes heraus, Lebenskunst, ein das-Leben-können gelingen – nun allerdings in einem ganz anderen Sinn als dem, den die Redeweise moderner Lebenswelt unterstellt?

Was bedeutet es für unsere Lebenskunst, wenn Gott unser Leben kann, wenn er es in der Hand hat, er es vermag?

Vier Konsequenzen sind wichtig:

a) Es ist nur logisch, wenn der erste Petrusbrief uns auffordert: »Alle eure Sorgen werft auf ihn, denn er ist besorgt für euch!« (5,7). Wir sind als die Schwachen, als die, die das Leben nicht bewältigen, nicht können, prinzipiell nicht die richtigen Adressaten für die Lasten des Daseins. Nur einer ist unserem Leben mit seinen Herausforderungen gewachsen: Nur einer ist es ja, der unser Leben kann, und das ist Gott.

b) Das Abgeben der Sorgen geschieht im Gebet. Mir ist in letzter Zeit immer wichtiger geworden, daß auch unsere Gebete, ganz gleich, ob im stillen Kämmerlein oder in der Gebetsversammlung, nicht zu neuen Kraftherausforderungen und dementsprechend zu neuen

»Power«-Veranstaltungen werden. Es gilt ja dieses im Grunde so provozierende, so erstaunliche, aber dann auch so entlastende Wort Jesu: »Wenn ihr aber betet, sollt ihr nicht plappern wie die von den Heiden; denn sie meinen, daß sie um ihres vielen Redens willen erhört werden. Seid ihnen nun nicht gleich; denn euer Vater weiß, was ihr benötigt, ehe ihr ihn bittet« (Mt 6,7–8). Wir brauchen nicht und wir sollen nicht viele Worte machen. Gefragt sind nicht der Größe des Anliegens angemessene oratorische, gebetsmühlenartige Kraftanstrengungen; gefragt ist keine Kunst des Gebetes. Eigentlich fragt man sich ja, warum denn überhaupt noch zu beten, zumindest zu bitten ist. Die Antwort liegt vielleicht darin, daß in unserem Beten genau dieses Sorgen-Werfen geschehen soll, von dem der erste Petrusbrief spricht. Im Gebet lege ich das ab, was mir zuviel ist, und lege es Gott vor, lege es vor Gott.

Darin liegt das Geheimnis eines entlasteten, gelingenden, nicht immer fröhlichen, wohl aber an Frieden vollen Christen-Lebens: in diesem Ablegen und Vorlegen dessen, was mich umtreibt, im Abgeben – doch eigentlich von allem, was mich umtreibt, mir zuviel ist und zuviel wird. Was gäbe es denn letztlich, was wir aus uns heraus sicher können, wofür wir garantieren könnten? Passieren uns nicht gerade dann ganz seltsame und unerwartete Mißerfolge, wenn wir etwas – und sei es eine scheinbare Kleinigkeit – nicht vor Gott gebracht haben, in seine Wirklichkeit hineingestellt haben, eben weil wir meinten, das könnten wir schon allein?

c) Die dritte Konsequenz ist die schon angesprochene Gelassenheit. Da, wo ich ernst mache mit der Gottheit Gottes, wo ich ihn machen lasse, wo ich kapiere, daß es ja wirklich seine Angelegenheiten sind, mit denen ich mich als Menschlein übernehme; da, wo ich wirklich abgegeben habe, da kann ich dann immer wieder zu einer letzten Ruhe durchdringen, trotz aller manchmal vielleicht ja auch gottgewollten Nervosität oder einem Lampenfieber, mit dem er mich in die Abhängigkeit von sich zieht.

Ich darf gelassen sein, wenn ich an die Herausforderungen des Dienstes denke, an die Überlastungen, die sie für mich immer wieder auch bedeuten. Ich darf gelassen sein, wenn ich an all meine Unzulänglichkeiten und Schwächen, an meine sicher passierenden Fehler und Irrtümer, an meine Patzer denke und an mein Versagen, das nicht ausbleibt. Gerade so gebraucht mich Gott ja. Das ist ja seine Zusage: sein Können in meinem Nicht-Können; sein Ganzes *in* meinem, *durch* mein Stückwerk. Das ist das Wunder, das Wunderbare, die Entdeckung, über die wir dann immer wieder unheimlich erstaunen, über die wir uns dann aber auch kopfschüttelnd freuen dürfen.

Ich darf schließlich auch dann gelassen sein, wenn ich an meine Sünde und an meine Sünden denke. Nicht nur, daß ich weiß: sie sind vergeben; es sitzt einer zur Rechten Gottes, der mehr oder weniger unentwegt sagt: Auch dafür bin ich gestorben. Ich darf wissen: Es gibt ja nur eine Rechtfertigung der bleibend Gottlosen (Röm 4,5); derer, die wissen, daß für sie auch als Gerechtfertigte gilt: Da ist keiner, der Gott suche, auch nicht einer (3,11).

All das, was uns nur hinderlich, nur ein Problem, nur eine Not zu sein scheint, all unsere Verlegenheiten werden unter der Hand: nein, im Gebet, dann zu (An-) Gelegenheiten unseres Gottes, wenn wir sie in die Gottes-Wirklichkeit rücken, dahin, wohin sie gehören.

Noch einmal: »Sehr gerne will ich mich nun vielmehr meiner Schwachheiten rühmen, damit die Kraft Christi bei mir wohne. Deshalb habe ich Wohlgefallen an Schwachheiten, an Mißhandlungen, an Nöten, an Verfolgungen, an Ängsten um Christi willen, denn wenn ich schwach bin, dann bin ich stark« (2. Kor 12,9–10).

d) Die letzte Konsequenz: die Freude. Wer sein Leben nicht festhalten, wer es nicht können, wer es nicht gewaltsam gestalten will, wer mit Gottes Hilfe zu einem solchen Nicht-Können, d. h. zu einer Abhängigkeit und zum Vertrauen zu Gott als Vater durchdringt, den führt diese Lebenskunst dann auch zur Lebensfreude: Zur Freude an dem, was ich heute genießen kann, weil ich weiß, daß der morgige Tag – Gott sei Dank! – für sich selber sorgen wird; Freude gar an den Problemen, bei denen ich gespannt zusehen darf, wie er sie löst; Freude gar an meinem Nicht-Können,wenn ich sehen, erfahren darf, wie er es nutzt, wie er mich, wie er uns benutzt, wenn wir ihm das wenige, was wir tatsächlich haben und sind, zur Verfügung stellen.

Das ganz normale Christenleben (1): Geburt des Glaubens

In der Apostelgeschichte wird von den Christen einmal als von denen gesprochen, die »des Weges« sind (9,2). Christsein ist also kein Zustand, sondern ein Vorgang; kein einmal erlangter Besitz, sondern ein Weg. Christsein ist eine lebenslange Gabe und Auf-Gabe. Auf diesem persönlichen Lebensweg gibt es zwar nicht Stufen des Wachstums, aber doch Stationen des Hineinwachsens in den Glauben, in die Christus-Wirklichkeit, ein ganz persönliches Reifen analog zu den Lebensaltern, die unsere natürliche Biographie kennt.

Paulus benutzt Bilder aus dem Prozeß kreatürlichen Wachstums, wenn er den Korinthern die nicht sehr schmeichelhaften Worte schreibt: »Ich konnte nicht zu euch reden als zu Geistlichen (Menschen), sondern als zu Fleischlichen, als zu Unmündigen in Christus. Ich habe euch Milch zu trinken gegeben, nicht feste Speise. Denn ihr vermochtet es noch nicht« (1. Kor 3,1f). Es gibt eine Geburt des Glaubens wie ein Wachsen im Glauben; es gibt ein Unmündig-Sein in Christus wie ein Mündigsein; ein Selbständig-Werden im Glauben, ein Heranwachsen und Erwachsen-Werden, das uns befähigt, den Weg des Glaubens, diese spannende Reise in eine unbekannte Zukunft, Schritt für Schritt zu erkennen und ihn dann auch Schritt für Schritt zu gehen: im Wahrnehmen und Überwinden von Herausforderungen.

Die Bibel beschreibt das Gehen dieses Weges immer wieder mit Bildern aus dem Wettkampf. Christsein,

Erwachsen-Werden als Christ heißt nicht zuletzt zu wissen, wie ich diesen Kampf bestehen kann und auch, wie ich Situationen durchleben kann, in denen ich nicht einfach Sieger bin: Sieger über Krankheit, Sieger über Leiden, Sieger über Depressionen und Niedergeschlagenheit, Sieger in Herausforderungen. Reif-Werden im Christsein heißt nicht zuletzt auch, mit Niederlagen im Christsein nicht unbedingt fertig zu werden, aber doch mit ihnen umgehen zu können.

Was ich darstellen möchte, ist *kein Ideal-Bild christlichen Glaubenslebens*, sondern das ganz normale Christenleben, wie es sich im gesamten Neuen Testament auf jeder Seite, nicht zuletzt auch in den beiden uns erhaltenen Briefen des Paulus nach Korinth, dokumentiert. Was wir brauchen, sind keine Ideale, die wir doch nicht erreichen können, die uns vielleicht unter Druck setzen, zusätzlich belasten und nur zu oft auch kaputt machen. Was wir brauchen, ist vielmehr der *Blick auf den für uns Gekreuzigten und seine*, nicht unsere *Kraft*, sein und nicht unser Vermögen.

1. Taufe, Bekehrung, Wiedergeburt und Heilsgewißheit

Ich möchte beginnen mit einigen grundsätzlichen Überlegungen zum Beginn des Christenlebens, sozusagen zur Geburt des Glaubens.

Heute herrscht weithin das Mißverständnis vor, die Taufe sei die Geburt des Glaubens. Im Neuen Testament selbst werden Glaube und Taufe sehr sorgfältig unterschieden, z. B. in Markus 16,16: »Wer glaubt und getauft worden ist, wird errettet werden;

59

wer aber nicht gläubig geworden ist, wird verdammt werden.« Dieser Vers macht dreierlei deutlich:
a) Glaube und Taufe werden unterschieden
b) Glaube ist Voraussetzung der Errettung; ohne diesen bewußten persönlichen, von der Taufe unterschiedenen Glauben geht es nicht
c) Glaube geht der Taufe voran

In unserer volkskirchlichen Praxis ist es freilich meistens genau umgekehrt. Wir taufen in der Praxis so gut wie alle Kinder (oder besser: Säuglinge) und hoffen dann, daß sie später, wie es ja auch im Taufformular heißt, zu eigenem (!) Glauben finden.

Man kann auch dieser Taufpraxis einen Sinn abgewinnen. Jesus sagt: »Geht nun hin und macht alle Nationen zu Jüngern, indem ihr sie tauft auf den Namen des Vaters und des Sohnes und des Heiligen Geistes« (Mt 28,19).

Alle Völker, alle Menschen taufen ohne Unterschied und ohne Vorbedingung – das kann dann Ausdruck der unterschiedslosen Liebe und des bedingungslosen Versöhnungswillens Gottes sein. Die Taufe eines Kindes ist dann ein schönes Bild dafür, daß Gott schon alles getan hat für das kreatürliche und v. a. das geistliche, das zeitliche wie v. a. dieses, das zeitliche umfassende ewige Leben, – bevor noch dieses Menschenkind das Licht der Welt erblickt oder zu denken und zu begreifen beginnen kann.

Eine solche Taufe symbolisiert dann, was Paulus im 2. Korinther 5,19 ausdrückt: »Gott war in Christus und versöhnte die Welt mit sich selbst.« Aber Paulus bleibt ja genau da nicht stehen. »Weil wir den Schrekken des Herrn kennen, so überreden wir die Menschen«, heißt es im gleichen Kapitel (5,11), und Paulus fährt fort: »So sind wir nun Gesandte an Christi statt, indem Gott gleichsam durch uns ermahnt; wir bitten für Christus: *Laßt* euch versöhnen mit Gott!« (5,20)

Die Versöhnung der Welt in Christus macht also das Sich-Versöhnen-Lassen mit Gott nicht überflüssig, sondern sie fordert es geradezu. Alles kommt darauf an, daß wir diese Versöhnungswirklichkeit in unser Leben hinein lassen und ihr in ihm Raum gewähren.

Die Taufe war in der Urchristenheit Zeichen dieser bewußten, persönlichen Lebensübergabe. Sie ist es heute noch und vermehrt dort, wo Christen eine Minderheit darstellen und das Profil des Christlichen herausstellen. Das ist ja auch die Reihenfolge im Missionsbefehl: Zuerst werden die Menschen aus den Völkern zu »Jüngern«, dann werden sie getauft. Wo Glaube (d. h. Hinwendung zu Gott, also Bekehrung, neues Leben in der Beziehung zu Gott, also Wiedergeburt) und Taufe zeitlich zusammenfallen, da kann das Neue Testament von der Taufe als dem »Bad der Wiedergeburt« sprechen, da ist Taufe Zeichen des Glaubens.

Wo Taufe freilich nicht mehr Zeichen dieser bewußt vollzogenen Hinwendung zu Gott ist, sondern Zeichen der vorauslaufenden Gnade Gottes, da entsteht ein Vakuum, in das obskure Irrlehren eindringen können; da gibt es eine weit verbreitete Unsicherheit, die zu recht zweifelhaften Verhaltensweisen führt. Gerade wenn die Taufe nicht mehr den Beginn des Glaubenslebens markiert, werden ja unter denen, die es ernst meinen, die Fragen und Zweifel laut: Bin ich denn nun Christ oder nicht? Oder in einschlägiger Begrifflichkeit: Bin ich wirklich errettet? Bin ich wirklich wiedergeboren? Ich kann selber ein Lied von solchen Fragen, Zweifeln und Anfechtungen singen. In einem frommen

Elternhaus sehr behütet groß geworden, gab es eigentlich nichts, wovon ich mich hätte bewußt wegwenden können zu Christus hin. Im Gegenteil: Wie viele andere bin ich in diese Gottesbeziehung hineingewachsen. Noch schlimmer wurde es dann, wenn ich nach Tag und Stunde meiner »Bekehrung« gefragt wurde. Wie habe ich einen Freund fast beneidet, der wirklich am Ende, rauschgiftsüchtig gewesen war, mehrere kaputte Beziehungen hinter sich hatte und dann eine ganz bewußte Hinwendung zum christlichen Glauben vollzog! Bei ihm hatte sich sichtbar, zumindest in den Lebensumständen, etwas geändert. Es ist verständlich, wenn gerade bei Menschen, die nicht auf solche Umkehrerfahrungen hinweisen können, der Wunsch auftaucht, etwas datieren zu können.

Ein Weg, einem solchen Wunsch nachzukommen, ist die vielerorts praktizierte Wiedertaufe (oder, je nach Standpunkt: Glaubenstaufe). Der Kirchenleitung ist sie ein Horror. Für die Betroffenen stellt sie kein Problem dar, weil nach ihrer Meinung ja die erste, die Säuglingstaufe, nicht wirklich eine Taufe im Sinne des Neuen Testaments gewesen ist.

Hier sind viele Fragen offen. Hier wünsche ich mir v. a. mehr Behutsamkeit im Umgang miteinander und den gegenseitigen Willen zum Verstehen der Beweggründe der jeweils anderen Seite. Zunächst gilt es einzusehen, daß hier ein Mangel unserer kirchlichen Taufpraxis zum Vorschein kommt: Es ist durchaus biblisch zu begründen, die persönliche Hinwendung zu Christus als ein öffentliches Datum festzumachen. Auf der anderen Seite bleibt es dabei, daß die Taufe, die man unbewußt als Kind empfangen hat, Taufe ist und bleibt, sofern und soweit die Kirche, die sie gespendet hat, wirkliche Kirche Jesu Christi ist; das gilt auch dann, wenn sie vielleicht irrend in seinem Namen und seiner Vollmacht gehandelt haben mag.

Ähnlich schwierig wie die Glaubenstaufe, die sich als Wiedertaufe vollzieht, ist die vielerorts zu beobachtende Praxis, *sich immer erneut zu bekehren*. Es gibt Menschen, die heben bei jeder Evangelisation den Arm, die kommen bei jeder Evangelisation, die in ihrem Ort stattfindet, nach vorn, die haben sich nicht nur einmal, sondern unzählige Male bekehrt. Und sie werden natürlich ihres Glaubens nicht gewisser, sondern fallen im Laufe der Zeit in immer größere Anfechtung. Bin ich wirklich bekehrt? Habe ich alles richtig gemacht? Das ist eine ähnliche Frage wie die, die zur erneuten Taufe führt. War meine Reue tief genug? Habe ich auch alles aufgedeckt? Habe ich inzwischen nicht neue, schwere Sünden begangen? Ist nicht wieder alles verloren? War es mir bei der letzten Übergabe wirklich ernst? Habe ich eine echte Zerknirschung gefühlt?

Es ist schlimm, wenn solche Skrupel noch angeheizt werden durch Fragen wie: Bist du auch *wirklich* wiedergeboren? War deine Bekehrung echt? Hat sich dein Leben *wirklich* verändert?

Und wer, wenn er ehrlich ist, müßte dann nicht zugeben: Gerade, weil der heilige Gott in meinem Leben präsent ist, entdecke ich immer Neues, was ihm nicht gefallen kann. Wer würde, wenn er sich auf diese Fragestellung einmal eingelassen hat, nicht sagen müssen: »Es ist alles eher noch schlimmer geworden!« Und wer würde dann nicht zitternd fragen müssen: Bin ich wirklich bekehrt, errettet, wiedergeboren? Man hat sich eingeklinkt in einen unheilvollen Kreislauf, aus dem man nicht mehr herausfindet, weil man sich nur noch *geistlich »den Puls fühlt«*, getrieben von immer neuer und tieferer Sündenerkenntnis, immer neuer und immer tieferer Angst, verloren zu gehen, von immer verzweifelteren Bemühungen, sich wirklich echt zu bekehren, von immer noch größerer Bestürzung, weil doch wieder neue Zweifel auftauchen und das rettende Ufer des inneren Friedens wieder nicht erreicht ist.

Innere Selbsterkenntnis ist eine Höllenfahrt, Sündenerkenntnis ist notwendig, und sie wird uns ein Leben lang begleiten, aber als *Teil* unseres Christenlebens und *nicht* als andauernde *Infragestellung* desselben. Es ist klar, daß ein solcher Glaube nicht tragen kann, weil ein Mensch wieder nur auf sich und eben nicht auf Christus schaut, wieder nur auf das eigene Unvermögen und nicht auf die Kraft Christi. Unser Tun, unsere Kraft, unser Vermögen, auch und gerade die heute vielerorts beschworenen »Erfahrungen« können unsere Gottesbeziehung nicht tragen.

Die oft zu beobachtenden Anfechtungen, die zu Verzweiflung und Zusammenbruch führen können, zwingen uns, die Frage noch einmal ganz elementar zu bedenken, was denn eigentlich Christ-Sein bzw. Christ-Werden heißt. Wenn wir hier die Worte Bekehrung und Wiedergeburt gebrauchen, dann müssen wir uns vergegenwärtigen, daß das ja nicht nur Lieblingsvokabeln von Pietisten und Evangelikalen sind, daß diese Worte vielmehr einen biblischen Ursprung, ein biblisches Gewicht und darum ein theologisches Recht haben.

Was so problematisch an den geschilderten Verhaltensweisen ist, was auch die unbedingte Forderung nach der Angabe von »Tag und Stunde« so fragwürdig sein läßt, ist die ausschließliche Konzentration auf mich, auf den Menschen, die den Blick auf den Gekreuzigten verstellt. Das Wort vom Kreuz wird hier nicht mehr wahr-genommen. Auch hier gilt es erneut zu bedenken, was das heißt: *Wir kennen nur Christus und ihn als gekreuzigt.* Hier gilt es entgegen aller scheinbar frommen Selbstreflexion, mit aller Schärfe und Bestimmtheit danach zu fragen, was das denn heißt: »Ich habe nichts bei euch gewußt«; das heißt dann auch, nichts gewußt von Bekehrungserfahrungen, Lebensveränderungen, sog. echter Buße, die nun mein Heil sicherten. Wir könnten nur verzweifeln, wenn es tatsächlich so wäre, daß wir auch nur einen Zentimeter, ja einen Millimeter zur Meterstrecke des Glaubens dazu tun müßten, daß wir Gott auch nur die geringste Strecke selber entgegenkommen müßten. All unser Tun und noch das scheinbar Frömmste im »Weinberg des Herrn« bleibt doch zweideutig, zweifelhaft. Das weiß ja gerade der, der sein Leben im Lichte Gottes sieht. »Da ist keiner, der Gutes tut, auch nicht einer. Da ist keiner, der Gott sucht« (Röm 3,12.11), der Gott wirklich sucht, keiner, dessen Motive rein und bei dem nicht auch immer er selbst im Spiel wäre. Wer darum noch nicht weiß, der sei gewarnt. Er hat das, was geistliches Leben ist und was dann Leben allein aus der Gnade und Vergebung bedeutet, noch nicht begriffen. Wer das noch nicht weiß, der macht sich und vermutlich auch anderen noch etwas vor, der baut eine gefährliche Fassade auf, – gefährlich deshalb, weil das Haus des Glaubens einzustürzen droht, wenn dereinst diese Fassade Risse bekommt und notwendigerweise einmal einstürzen wird.

Glaube ist nichts anderes als der völlige Bankrott; christlicher Glaube ist im Gegensatz zu allen anderen Religionen nichts anderes als das Wissen und nun tatsächlich die Erfahrung: Ich kann Gott auch nicht das kleinste Stückchen entgegenkommen; ich kann mich noch nicht einmal selbst bekehren; ich kann mich noch nicht einmal mit *ganzem* Herzen, also umfassend, neu orientieren. Glaube – das ist das Eingeständnis: »Ich glaube, Herr, hilf meinem Unglauben!« (Mk 9,24). Glaube – das ist eben der Verlust aller Selbstgewißheit und das ausschließliche Anrufen Gottes, die Hoffnung, daß er allein es macht. Glaube – das heißt, in aller Verzweiflung nichts wissen zu können als nur Christus und ihn als für mich gekreuzigt.

Das vielleicht hilfreichste Gleichnis Jesu in dieser Sache findet sich in Lukas 18,9–14. Es ist das Gleichnis vom Pharisäer und Zöllner im Tempel. Der Pharisäer ist sich seines Glaubens, seiner Gotteserkenntnis sicher: Er steht vor Gott, hebt sein Angesicht bzw. sich empor und dankt Gott – aber nicht für dessen Gnade, sondern für die Kennzeichen seines Glaubenslebens, für das, was er selbst tut und was seinen Glauben ausmacht. Der Zöllner steht von fern; er wagt den Tempel als Raum der Gegenwart Gottes nicht zu betreten; er will noch nicht einmal die Augen aufheben zum Himmel; er schlägt sich vielmehr an die Brust: eine Geste der Zerknirschung, des Schuldeingeständnisses. Und was er sagt, das hat nichts, gar nichts mehr zu tun mit eigenen Leistungen, Erfahrungen und eigenem frommen Tun. Ihm bleibt nur der alleinige Appell, die alleinige Hoffnung auf Gottes Gnade: »Gott, sei mir, dem Sünder, gnädig!« Nicht mehr, nicht weniger – weniger kann es ja auch gar nicht sein. Ich weiß nichts, ich weiß nicht, was ich Gott noch an Bekehrungs- und Bußerfahrungen, an Umkehr- oder anderen Leistungen zu bringen hätte.

Und dann kommt dieser sagenhafte, dieser unglaubliche Satz, der den christlichen Glauben jenseits aller

Religionen stellt: »Dieser, der Zöllner, ging gerechtfertigt hinab in sein Haus.« Das und nichts anderes heißt »glauben«: an Gottes Gnade appellieren, allein auf seine Gnade hoffen. Das und nichts anderes heißt »glauben«: nichts wissen außer Christus, nichts Eigenes wissen, ins Feld führen können als nur das, was er getan hat, seinen Tod, mit dem er an meine Stelle trat.

Mit dem Satz »Gott, sei mir Sünder gnädig«, der allein dem Zöllner noch möglich ist, ist der Glaube geboren, ist er in der Welt. Dieses »Ach« ist die Geburt des Glaubens. Dieser Seufzer ist – so Jesus selbst – der Grund der Rechtfertigung, der Rettung, des ewigen Lebens. Und wir können auch sagen, warum das so ist, warum Jesus so überaus seltsam und für jeden religiösen Menschen anstößig urteilt.

Nur wer den Bankrott erklärt vor Gott, wer nicht nur einen »Vergleich« anmelden will oder gar meint, eine positive Bilanz aufmachen zu können, nur wer den völligen Bankrott erklärt, wer wie der Zöllner erklären muß: »Gott, sei mir Sünder gnädig« – wenn du es nicht tust, was bleibt mir dann? –, nur dem kann Gott die leeren Hände füllen. Nur wer sich so sieht, ist ja bereit, die Zumutung des Wortes vom Kreuz zu akzeptieren, das uns zeigt: So ist diese Welt, so ist der Mensch, und so bist du! Nur wer so mit leeren Händen dasteht, ist dann auch hoffentlich bereit, die größte Zumutung zu akzeptieren, die dieses Wort vom Kreuz beinhaltet: Gott mußte das tun, seinen eigenen Sohn dahingeben, sterben lassen, – für dich. Glauben heißt, so sagt Martin Luther, Gott recht geben, Gott in dieser Maßnahme recht geben. Glauben heißt anerkennen, daß das nötig war, um mich herauszuretten.

Nur da, wo ich meine Kleider als Lumpen begreife, sie als solche ablege, bekomme ich das neue Kleid der Gerechtigkeit. Noch einmal: Gott füllt nur die leeren Hände.

Wer wie der Zöllner spricht: »Gott, sei mir Sünder gnädig«, der hat – ob mit Wissen oder nicht – objektiv die Gerechtigkeit Gottes für sich in Anspruch genommen. Der appelliert an Gott: »Die Gerechtigkeit, das neue Leben, das Christus durch seinen stellvertretenden Tod geschaffen hat, das soll auch mir gelten.« Dieser Glaube – und das müssen wir nun doch sagen, gezwungen durch diesen einen Nachsatz Jesu im Gleichnis – ist eben doch Bedingung, eine Bedingung, die freilich nicht im Tun, sondern im Lassen, nicht im Schaffen, sondern im Verzicht, nicht in der Aktivität, sondern im Innehalten besteht. Und wie schwer fällt uns das! Wieviel schwerer fällt uns das, als etwas zu tun, etwas zu »schaffen«! Aber es bleibt dabei: »Einen andern Grund kann niemand legen außer dem, der gelegt ist, welcher ist Christus« (1. Kor 3,11).

»Dieser Zöllner ging gerechtfertigt, von Gott angenommen, hinab in sein Haus im Gegensatz zu jenem, zum Pharisäer.« Das ist ein unglaublich hartes Wort, aber doch auch ein befreiendes. Jesus sagt auch über sich: »Nicht die Gesunden brauchen einen Arzt, sondern die Kranken; ich bin nicht gekommen, Gerechte zu rufen, sondern Sünder zur Buße« (Lk 5,31f.). Wer schon meint, alles zu haben, läßt sich auch nichts schenken. Wer schon meint, völlig gesund, okay zu sein, der läßt sich auch nicht helfen und geht natürlich in seiner frommen wie unfrommen, religiösen wie antireligiösen Verblendung an der einzigen Hilfe, der einzigen Rettung vorbei.

Gott bewahre uns davor, daß wir unseren Glauben

68

an uns selbst festmachen! Gott helfe uns, daß wir auch und gerade im Blick auf die Frage: Sind wir Christen? *nichts wissen* außer Christus und *ihn* als für uns gekreuzigt!

Wie viele ernstmeinende Christen gibt es, die verzweifelt nach ihrem Heil fragen, nach Rettung suchen und nur die Gnade Gottes im Sinn haben, sie aber nicht zu finden vermögen, weil sie in unheilvoller Selbstverkrümmung nicht anders können, als nur sich, aber nicht Christus anzuschauen! Jedem dieser armen und geplagten, angefochtenen und schon verzweifelten Menschen ist nur das Eine zu sagen: Du verzweifelst an dir selbst; du weißt, daß du Gott nicht genügst, daß alle deine Bekehrungs- und Umkehrversuche nicht ausreichen, um dem heiligen Gott genügen zu können? Gerade mit der ganzen von dir eingestandenen Not, mit dem ganzen Wissen um deine bleibende oder gar steigende Unzulänglichkeit, das doch niemand anders als der Heilige Geist in dir wirken könnte – mit all dem hast du schon appelliert an die Gnade Gottes, mit all dem hast du Gottes Gnade in Christus in Anspruch genommen, mit all dem gilt dir wie dem Zöllner: *Du bist gerechtfertigt.*

Es ist ja dies Eine noch einmal zu betonen, auch und gerade gegenüber Menschen, die Angst haben, die Sünde wider den Heiligen Geist begangen zu haben (also eine Sünde, die nicht vergeben werden kann): Diese Frage nach der Gerechtigkeit vor Gott, nach dem Bestehen-Können vor ihm, nach der ewigen Gemeinschaft mit ihm ist ja eine Frage, die nur Gott selbst in uns geweckt und in uns hineingelegt haben kann. Diese Fragen zeigen aber, was sie doch gerade in Frage stellen: daß der Fragesteller getrieben ist vom Heiligen Geist, daß Gott eine »Kolonie« in ihm hat, daß er darum Gottes Kind *ist* und bleibt, solange er so fragt. Dies Eine läßt sich also mit Sicherheit allen Angefochtenen zusprechen: Sowie dich die Frage umtreibt, ob du ein Christ bist, bist du mit Sicherheit Christ.

2. Glaube und Werke

Gibt es aber nicht doch Werke, die der Gläubige erbringen muß, weil sie Kennzeichen des Glaubens sind? Sagt Jesus nicht selbst: »Ein guter Baum bringt gute Früchte hervor« (Mt 7,17)? Spricht nicht auch Paulus von der Frucht des Geistes (Gal 5,22)?

Eine angemessene Antwort können wir nur geben, wenn wir dies Eine im Blick behalten, nämlich das Wort vom Kreuz. Es sagt uns: Im Blick auf euer Bestehen vor Gott, im Blick auf die Schicksalsfrage: Sein vor Gott oder Nicht-Sein in der Gottesferne? gibt es nur das eine Fundament: »Einen anderen Grund kann niemand legen außer dem, der bereits gelegt ist, welcher ist Jesus Christus« (1. Kor. 3,11). Auf diesen Grund stelle ich mich schon, wenn ich wie der Zöllner vor Gott kapituliere. Von diesem Fundament sind freilich die Aufbauten zu unterscheiden. Dieses Fundament allein sichert den Bestand vor Gott. Was ich freilich auf dieses Fundament baue, ob das zu Gottes Ehre oder zu meinem Nutzen ist, das ist eine andere Frage. In den Worten des Paulus:

»Wenn aber jemand auf den Grund (= Fundament) Gold, Silber, kostbare Steine, Holz, Stroh, Heu baut, so wird das Werk eines jeden geoffenbart werden, denn der Tag (des Herrn, der Tag des Gerichtes) wird es klarmachen, weil er in Feuer geoffenbart wird. Und wie das Werk eines jeden beschaffen ist, wird das Feuer erweisen. Wenn jemandes Werk bleiben wird, das er darauf gebaut hat, so wird er Lohn empfangen; wenn jemandes Werk verbrennen wird, so wird er Schaden leiden, er selbst aber wird gerettet werden, doch so wie durchs Feuer« (1. Kor 3,12–15).

Paulus unterscheidet – wie gesagt – eindeutig zwischen dem Fundament, das wir nicht, auch nicht zu einem kleinen Teil, legen können, und den Werken, unserem Lebenswerk. Diese Werke sind nicht gleichgültig, aber sie haben letztlich keine Heilsbedeutung. Es ist eben möglich, daß jemand sozusagen mit versengten Haaren durch das Gericht hindurchkommt, auch dann, wenn es in seinem Leben nichts gibt, was vor Gott Bestand hat. Das von Christus gelegte Fundament ist dazu da, daß wir auf ihm etwas aufbauen, das Bestand hat und von Bedeutung ist für die Herrschaft Gottes (oder, um ein Bild des Apostels Petrus aufzunehmen, für den Tempel Gottes, in dem wir Steine sind – 1. Petr 2,5). Es ist nicht ohne Belang, wenn wir dort, wo wir hingestellt sind, Murks machen, wie es in der Sprache der Handwerker heißt. Wenn wir Pfusch machen, leidet das gesamte Bauwerk. Dann zieht es womöglich, oder das Haus bzw. eine Wand wird schief. Oder man kann in den betreffenden Stein keinen vernünftigen Nagel einschlagen, weil nichts hält.

Das Fundament bleibt, auch wenn wir nichts auf ihm aufbauen: Nur könnte es sein, daß unser Leben dann sehr zugig und höchst ungemütlich verläuft; daß wir ziemlich »alt« aussehen, wenn es Gottes Blick an den Tag bringt, was wir aus dem von ihm geschenkten neuen Leben gemacht, wie wir mit den anvertrauten Pfunden gewuchert haben oder eben auch nicht.

Was Paulus hier im Bild vom Fundament und Bau

so anschaulich zum Thema »Glaube und Werke« bedenkt, ist eine Spitzenaussage. Sie hält eines fest: Ich weiß im Blick auf die Frage nach der Begründung der Gemeinschaft mit Gott nichts anderes als nur Christus und sein Kreuz. Aber diese Aussage ist nicht dazu da, daß man sich auf ihr ausruht. Sie ist eine Aussage, die in der Schächergnade anschaulich wird. Einem Menschen, der offenbar sein ganzes Leben verpfuscht hatte, der sich wirklich – im Gegensatz zu dem neben ihm Gehenkten – schuldig gemacht hatte, einem solchen Menschen kann Jesus, eben weil er selbst auch für diesen anderen stirbt, zusagen: »Heute noch wirst du mit mir im Paradies sein« (Lk 23,43). Eine Rettung mit Haut und versengten Haaren! Niemand verlasse sich darauf, daß ihm das gelingt – eine Bekehrung auf dem Sterbebett oder wann sonst das letzte Stündlein schlägt! Vielmehr gilt auch hier: So sehr wie wir in dieser letzten entscheidenden Frage nichts anzuführen haben als Christus und seinen Kreuzestod, so sehr wird doch der, der diese personifizierte Liebe Gottes ansieht, wird doch der, der begreift, daß es auch die eigene Trennung von Gott ist, die Christus dort erduldet, nichts anderes wissen und nicht anders können, als diesem Gott dienen und zu Willen sein zu wollen.

Paulus antwortet, auf dasselbe Problem angesprochen, den Römern: »Was sollen wir nun sagen? Sollten wir in der Sünde verharren, damit die Gnade überschäume? Das sei ferne! Wir, die wir der Sünde gestorben sind, wie sollten wir noch in ihr leben?« (Röm 6,2). Mit anderen Worten: Es ist die Frage, ob man denn nun einfach darauf lossündigen kann und ob es überhaupt nicht mehr darauf ankommt, was wir tun, wenn doch letztlich und allein das Fundament zählt. – Diese Frage ist doch theoretischer Natur. Ein Christ, der wirklich begriffen hat, daß Christus sein Leben für uns gegeben hat, kann der anders als nun sein eigenes Leben Christus zur Verfügung zu stellen? »Ist er nicht für alle gestorben«, so Paulus in 2. Korinther 5,15, »damit die, welche leben, nicht mehr sich selbst leben, sondern dem, der für sie gestorben ist?«

3. Können wir noch verloren gehen?

Oft wird von Christen in diesem Zusammenhang auch die Frage aufgeworfen, ob Christen denn noch verloren gehen können; ob sich Menschen, die einmal ja zu Gott gesagt haben, noch einmal von ihm abwenden können.

Diese Frage ist von der Heiligen Schrift her mit einem eindeutigen Ja zu beantworten. Christus ist das Fundament, und zu diesem Fundament kann niemand von uns etwas beitragen. Eine andere Frage ist es, ob wir selbst auf diesem Fundament bleiben oder ob wir diesen Grund mit Wissen und Willen verlassen. Wir sind in der Hand Gottes keine Marionetten. Jesus sagt zwar: »Niemand kann sie aus Gottes Hand rauben« (Joh 10,28). Und das ist unglaublich beruhigend: Keine fremde Macht kann mich Gott wieder entwinden. Aber das ist keine Schlafpille. Denn als freie Menschen, als Gegenüber Gottes wird uns auch der Gott, der ein freies, ein verantwortetes Ja von uns zu sich will, letztlich nicht daran hindern können, zu ihm ein Nein zu sagen, wenn wir das denn wollen. Niemand kann uns aus Gottes Hand rauben. Aber können wir uns nicht selbst aus dieser Hand frei machen?

Es wird sicher so sein, daß Gott einem verlorenen

Sohn nachgeht; aber der Respekt Gottes vor der Freiheit und Würde des von ihm geschaffenen Menschen ist zu groß, als daß er uns zwingen wollte oder auch nur könnte: Ein Ja des Menschen zu Gott kann immer nur ein freies, ein freiwilliges Ja sein.

Paulus selbst hat auch für diesen Sachverhalt wieder ein passendes Bild, das er aus dem antiken Sportleben entlehnt:

>Nicht, daß ich es schon ergriffen habe oder schon vollendet sei; ich jage ihm aber nach, ob ich es auch ergreifen möge, weil ich auch von Jesus Christus ergriffen bin« (Phil 3,12).

Der letzte Satz ist freilich entscheidend: Dieses ganze Jagen, der Kampf des Christseins wird siegesbewußt und nicht nur angefochten, nicht nur unsicher geführt, weil Paulus um diese überlegene Wirklichkeit weiß: Ich habe es zwar noch nicht ergriffen, aber ich bin doch bei all meinen Bemühungen umgriffen und ergriffen von Jesus Christus.

Er fährt dann fort in dieser Gewißheit, und es klingt gar nicht traurig, angefochten, sondern im Gegenteil unglaublich zuversichtlich, ja siegessicher:

>Brüder, ich denke von mir selbst nicht, es ergriffen zu haben; eines aber tue ich: Ich vergesse was dahinten, strecke mich aber aus nach dem was vorne ist und jage auf das Ziel zu, hin zu dem Kampfpreis der Berufung Gottes nach oben in Christus Jesus« (Phil 3,13–14).

4. Wie bekomme ich Heilsgewißheit? Wie werde ich meines Glaubens froh?

Ich möchte in diesem Zusammenhang eine letzte Frage ansprechen. Wie werde ich meines Glaubens froh? Oder, etwas traditioneller ausgedrückt: Wie bekomme ich Heilsgewißheit? Bevor wir die Frage nach der Heilsgewißheit beantworten, möchte ich zwei Antworten zurückweisen, die in eine falsche Richtung weisen und sich als wenig hilfreich erwiesen haben:

a) Heilsgewißheit meint nicht Heilssicherheit. Es kommt für unser Glaubensleben sehr darauf an, daß wir hier unterscheiden. Heilssicherheit – das ist der Wunsch vieler Menschen, nie mehr verloren gehen zu können; absolut und unbedingt sicher sein zu können, daß sie »in den Himmel kommen«. Solch ein Bedürfnis nach Heilssicherheit ist verständlich. Es ist Ausfluß einer tief sitzenden Angst eines Menschen, die sich um die Frage dreht, bei der man am meisten Angst haben kann: Ob die ewige Verdammnis droht und ob es irgendeine Möglichkeit gibt, ganz sicher zu sein, daß einem das nicht passiert. Resultat einer solch tiefsitzenden Angst ist auch die Auffassung, die von der Bibel her nicht begründet werden kann, ein Christ könne nicht mehr verloren gehen, ein Kind könne doch nicht seine Kindschaft verlieren. Schon das Gleichnis von den beiden verlorenen Söhnen (Lk 15,11–32), v. a. vom zweiten verlorenen Sohn, könnte ja hier eines Besseren belehren. Schlimm und gefährlich wird es freilich, wenn dieser unbiblische Grundsatz dann so gewendet wird, daß man folgert: Wer sich vom Glauben abgewandt hat, der war eben nie wirklich ein Christ. Und dann wird anschließend gefordert, eine Bekehrung, eine Wiedergeburt müsse eben echt, wirklich »echt«

sein. Wieder wird der verzweifelte Mensch auf sich selbst verwiesen, in der Sache also seiner Verzweiflung überlassen, statt ihn an Christus zu verweisen.

Da sich die Menschen, die von Gott abfallen, ja auch einmal bekehrt hatten, kann das nun entweder nicht echt oder nicht alles gewesen sein. Das Bedürfnis nach Heilssicherheit ist auch hier nicht gestillt. Seines Heiles ist man zwar sicher, wenn man bekehrt und wiedergeboren ist. *Aber*: Wann *ist* man wirklich bekehrt, wirklich, echt, richtig wiedergeboren? Das Problem, die Anfechtung, hat sich nur verschoben. Heilssicherheit im Sinne eines Nichtverlorengehens kann es aber auch schon deshalb nicht geben, weil – wir sagten es schon – Gott unsere freie Entscheidung, unseren freien Willen und unsere fortdauernde Anerkennung will. Verläßliche Antwort kann es insofern nicht geben, als der Mensch sich hier nur auf sich konzentriert und in unheilvoller Selbstverkrümmung nicht dahin schaut, wo er allein Gewißheit erlangen kann: auf Christus und ihn als den Gekreuzigten!

b) Gewißheit des Heils ist nicht Bedingung des Heils. Oder mit anderen Worten: Ich *muß* meines Heils nicht gewiß sein, um von Gott angenommen zu sein. Im Gleichnis vom Pharisäer und Zöllner sagt Jesus nichts von einer Emotion des Zöllners, von der Erfahrung eines inneren Friedens, obwohl das doch angesichts der offenbaren Not, in der sich der Zöllner in seinem Gebet befand, sogar recht nahegelegen hätte. Wir lesen nur das Eine: Er ist gerechtfertigt, weil er anerkennt, daß er vor Gott nicht bestehen kann und nur dann eine Chance hat, wenn ihm Gott gnädig ist. Ob er zu dieser Überzeugung kommt, darüber lesen wir in dem Gleichnis nichts. Das ist also offenbar im Blick auf die alles entscheidende Frage von nachgeordneter Bedeutung. Es ist zwar sicher nicht unwichtig, aber es spielt doch keine Rolle, wenn es um die Frage geht, ob Gott mich annimmt.

Auch hier bewährt es sich ein weiteres Mal: Das Fundament nennt allein das Wort vom Kreuz. Wir können nichts wissen, nichts vorbringen als Christus und ihn als gekreuzigt, noch nicht einmal eigene Heilsgewißheit.

Ist es aber nicht wichtig zu wissen, wie es mit dieser wichtigen Frage steht? – Heilsgewißheit zu haben heißt, »Papa« sagen zu können – zu Gott, zu wissen, daß man »Papa« zu ihm sagen darf. Es ist entscheidend, *daß* ich einen Vater im Himmel habe, aber es ist natürlich ungleich schöner, das auch noch zu wissen. »Sein Geist zeugt mit unserem Geist«, so sagt es Paulus (Röm 8,16), »daß wir Kinder Gottes sind.« – »Denn ihr habt nicht einen Geist der Knechtschaft empfangen, wieder zur Furcht, sondern einen Geist der Sohnschaft habt ihr empfangen, in dem rufen wir: Abba, lieber Vater« (Röm 8,15).

Das Vater-Sagen ist zwar nicht absolute Bedingung des Christseins, aber es gehört doch zum normalen Christenleben dazu.

Freilich, auch hier gilt wieder das Wort vom Kreuz, die absolute Konzentration auf dieses eine Datum: Jesus Christus, den Gekreuzigten. Es ist ja nicht irgendein angenehmes, schönes Gefühl, das es mir erlaubt, diesen fernen, heiligen, unbekannten Gott mit Vater anzurufen.

Wieder gilt für erwachsen werdende, durch Anfechtung und Fragen hindurchgehende Christen die eine so ärgerliche, aber dann doch wieder so wohltuende, weil befreiende, mich von mir selbst befreiende Eng-

77

führung: Nichts zu wissen, keinen anderen Grund zu haben, zu Gott »Papa« sagen zu dürfen, als nur im Aufblick zu Christus, dem Gekreuzigten. Nur hier, im Anblick dieses nahezu unglaublichen Zeichens der Liebe und Nähe dieses Schöpfers, werden wir des Grundes ansichtig, die Stirn zu haben und Gott, Gott! so nahe zu treten. Nur weil wir wissen, daß er uns in Christus so nahe gekommen ist, treten doch wir ihm nicht zu nahe, wenn wir ihn mit »Vater« anreden.

Das Wort vom Kreuz zeigt uns in diesem Zusammenhang aber noch ein Zweites. Es gibt eine Höllenfahrt der Selbsterkenntnis. Wir haben allen Grund, immer wieder verzweifelt und angefochten zu sein, wenn wir über unser Leben nachdenken. Dann wird uns klar, wie wenig, ja, daß sich im Grunde nichts geändert hat; wenn wir vielmehr – geschärft im Gewissen und im Wissen um die eigene Verantwortung – manchmal den Eindruck haben, es sei im Gegenteil alles noch viel schlimmer geworden.

Da hilft kein Verdrängen – oder doch nur vordergründig und vorläufig. Da hilft auch kein High-Gefühl, das wir vielleicht irgendwie herbeizuführen gelernt haben. Da hilft nur eines, wiederum nur eines: nichts zu wissen, gegen diese Abgründe und die eigene Verlorenheit nicht anders argumentieren zu können als mit Christus, mit ihm als dem an unserer Stelle Gekreuzigten. Und nur, wenn wir uns diesen Gekreuzigten vergegenwärtigen, wenn wir uns wieder einmal klar machen: Dieses Kreuz betrifft alles, aber auch alles, was dir Not macht, darin ist alles eingeschlossen, – nur dann haben wir eine Handhabe, die der Anfechtung gewachsen ist, eine Handhabe, die sich nicht auf mich gründet, sondern allein auf Christus. Mir persönlich geht es manchmal so, daß ich gar nicht glücklich, sondern eher erstaunt, ja verwundert dastehe, dasitze oder auch knie, wenn mir klar wird: Ja, auch das, selbst das ist abgelegt, abgetan. Nicht ein High-Gefühl, sondern ein Erstaunen, eine Verwunderung – und dann eine unaussprechliche Leichtigkeit.

Paulus faßt all das in dem einen Satz zusammen, und er betont dabei das erste Wort. Diese Betonung macht das Wort vom Kreuz aus:

»*Christus* ist uns geworden Weisheit von Gott und Gerechtigkeit und Heiligkeit und Erlösung, damit, wie geschrieben steht: Wer sich rühmt, der rühme sich des Herrn« (1. Kor 1,30f.).

Das ganz normale Christen-leben (2): Wachsen im Glauben

1. »Heiligung« als »Horror«?

Wer vom Wachstum des Glaubens spricht, der denkt in der Regel an das, was Christen früher mit dem durchaus biblischen Begriff »Heiligung« bezeichnet haben.

Heiligung – ein dunkleres, verstaubteres und abschreckenderes Wort kann man sich freilich heute kaum denken. Darum möchte ich zuerst das Mißverständnis der Heiligung als Horror ansprechen. Heiligung – das bedeutet für viele ihrer Erfahrung nach Lebensverneinung, wenig oder überhaupt keinen Spaß. »Das ist der Wille Gottes: eure Heiligung!« (1. Thess 4,3). Dieses Bibelwort ist in vielen Familien und Gemeinden geradezu zu einer Keule geworden, mit der man jede Freude am Leben ausgetrieben hat.

Heiligung – heißt das nicht: immer nur zu verzichten auf die Welt und ihre Dinge? Heiligung – heißt das nicht, Abschied zu nehmen von allem, was Spaß und Freude macht? Wenn wir Heiligung als biblischen Begriff zurückgewinnen wollen, dann kommt es zunächst darauf an zu klären, welche Assoziationen er weithin auslöst, um dann in einem zweiten Schritt zu fragen, inwiefern solche Füllungen dieses Wortes wirklich biblisch sind, inwiefern »Heiligung« hier wirklich angemessen verstanden wird.

Alles hängt daran, daß wir auch hinsichtlich des Themas Heiligung den Grundsatz des Paulus nicht vergessen: Ich habe euch im Kern nichts anderes zu sagen als nur Christus und ihn als an eurer Stelle gekreuzigt. Es ist gerade angesichts der großen praktischen Bedeutung des Themas »Heiligung« und »Heiligkeit« wichtig, daß wir uns auch hier vom Wort vom Kreuz auf die richtige Spur setzen lassen.

Gottes Wille, des heiligen Gottes Wille ist unsere Heiligkeit. »Seid heilig, denn ich bin heilig« (3. Mose 19,2) – das ist das Grundgebot des Heiligkeitsgesetzes im Alten Testament. Die Hauptsache des alttestamentlichen Gottesdienstes war es ja, ein Zusammenleben des heiligen Gottes inmitten des Volkes unreiner Menschen zu ermöglichen. Im Neuen Testament sind es v. a. der Hebräer- und der Römerbrief, die den zentralen Sinn der Sendung Jesu darin sehen, eine bleibende Gemeinschaft zwischen Gott und Mensch zu ermöglichen, einen neuen Bund, den im Gegensatz zum alten keine Sünde, nicht noch so viele Verfehlungen mehr in Frage stellen können. Auch das Neue Testament ist also zentral bestimmt vom Wissen um die Heiligkeit Gottes und umgekehrt: um einen Zustand des Menschen, der nur die Ablehnung, biblisch: den Zorn und damit die Abwendung Gottes zur Folge haben kann.

2. Christus – unsere Heiligung

Im Alten Testament sind die Gesetze gegeben, damit Gott bei seinem Volk sein kann. Das Einhalten dieser Regeln ist Voraussetzung für die Gegenwart Gottes. Ihr Befolgen ist eine Frage von Leben oder Tod. Das Alte Testament ist voll von der Erfahrung, daß selbst das Volk Israel nicht in der Lage ist, diesen Geboten zu folgen; daß diese Gebote vielmehr durch ihre andauernde Verletzung im Endeffekt das Gegenteil dessen bewirken, wozu sie gegeben sind. Sie sind zum Leben

81

gegeben, zum Leben, das aus der Gemeinschaft mit dem lebendigen Gott resultiert. Sie bewirken aber den Tod, weil der Mensch offenbar nicht in der Lage ist, ihnen zu entsprechen, sich damit aber den Zorn Gottes zuzieht.

Dieser Sachverhalt ist gemeint, wenn Paulus schreibt: »Das Gesetz, das zum Leben gegeben, gerade das erwies sich mir zum Tod. Denn die Sünde ergriff durch das Gebot die Gelegenheit, täuschte mich und tötete mich durch dieselbe« (Röm 7,10).

Mit Sünde ist nicht eine einzelne Verfehlung gemeint, sondern vielmehr eine Macht, die über den Menschen herrscht und die es dem Menschen unmöglich macht, dem gerechten Gott zu entsprechen und in Verbindung mit ihm zu leben.

Das absolut Neue, das in Christus geschieht, ist der Verzicht Gottes auf diese Gesetzeserfüllung des Menschen als Bedingung für seine Nähe. Er fordert nicht mehr: »Seid heilig, damit ihr mit mir leben könnt.« Er weiß ja, daß wir das nicht tun können. Dieser Verzicht bedeutet aber nur deshalb nicht Resignation; er bedeutet nur deshalb nicht eine Zementierung des Grabens zwischen Gott und Mensch, weil Christus zwischen den heiligen Gott und den sündigen Menschen getreten ist; weil Gott Christus sieht, wenn er auf uns schaut. Auf unserer Seite ist nichts besser geworden, und auch Gott hat sich kein bißchen von seinen Anforderungen an uns abhandeln lassen (Röm 3,31d). Aber dennoch ist alles anders geworden, weil Christus durch seinen Tod am Kreuz die Schuld der ganzen Welt auf sich gezogen hat; weil er an unserer Stelle den Fluch der bösen Taten auf sich genommen hat, für uns eingestanden ist.

Der gerechte Gott kann das Leben von Sünde, die

weitere Existenz von Sünde, von Unheiligem in seiner Nähe nicht dulden. Der Sünder hat sein Leben verwirkt – schon deshalb, weil er nicht mehr in der Gottesnähe leben kann –, Leben aber doch nur möglich ist in der Beziehung zu Gott. Der Sold der Sünde ist der Tod; das Ergebnis meines Aufstandes gegen Gott, meiner Verfehlung gegen seine Weisungen, die er zum Leben gegeben hat, ist ein Dasein in der Gottesferne (Röm 6,23); denn Sünde zieht den Zorn Gottes auf sich, und der Zorn Gottes heißt im Kern nichts anderes als Dahingabe des Menschen an sich selbst (Röm 1,18.22.24.26) und Rückzug dessen, der doch allein die Quelle des Lebens ist (Ps 36,9).

Die hier bloß angedeuteten Zusammenhänge wirken heute auf uns fremd; sie sind einerseits schwer zugänglich, andererseits von größter Bedeutung, wenn wir wissen wollen, worin denn letztlich die Bedeutung des Todes Jesu besteht, was also den Kern unseres Glaubens ausmacht.

Der Mensch, der gegen Gottes Gebot handelt, hat sein Leben verwirkt. Der Hebräerbrief (7,25), aber auch der Römerbrief (8,34) und der erste Johannesbrief (2,1) schildern Christus nun als den, der zur Rechten Gottes steht und für die eintritt, die sich an ihn wenden. Christus verwendet sich dort für uns, indem er – im Bild gesprochen – bei jeder Sünde, jeder Verfehlung darauf hinweist, daß er ja den Tod, die Gottesferne, die Trennung von Gott, die die Konsequenz sein müßte, bereits auf sich genommen, *stellvertretend für uns* auf sich genommen hat.

Noch einmal begegnen wir der ungeheuren Härte des Wortes vom Kreuz. Daß Christus stellvertretend für uns starb, heißt ja nicht weniger, als daß wir selbst den

Tod verdient haben, daß unsere Lebensweise und unser Tun uns aus der Leben spendenden und erhaltenden Nähe dieses Gottes herauskatapultieren müßte; daß wir verloren wären in zeitlichem und ewigem Tod – wenn da nicht Christus wäre.

Christus ist das Ende des Gesetzes (Röm 10,11), nicht so, daß der Heiligkeit Gottes nicht mehr zu genügen wäre, nicht so, daß meine Verfehlungen nicht mehr den Tod nach sich zögen; vielmehr so, daß sie *seinen* Tod und *nicht* mehr *meinen* nach sich ziehen.

Wir verstehen nun vielleicht auch das bereits angesprochene Gleichnis vom Pharisäer und Zöllner besser. Der Zöllner tut ja nichts anderes, als an die Gnade Gottes zu appellieren, und das heißt ja in der Sache: die stellvertretende Hingabe des Lebens Jesu in Anspruch zu nehmen. Ohne es zu wissen und auszusprechen, nimmt er diesen Tod des Gerechten an Stelle der Ungerechten für sich in Anspruch. Und er geht gerechtfertigt nach Hause, weil Christus sich Gott gegenüber für ihn einsetzt, indem er auf seinen eigenen Tod, seine Stellvertretung hinweist.

Im August 1941 gelang einem der Häftlinge aus dem Konzentrationslager Auschwitz die Flucht. Aus Wut, Haß, Rache und Abschreckung zugleich wurden abends beim Appell zehn Männer ausgewählt, die in einer Zelle ohne Essen und Trinken qualvoll sterben sollten. Der Kommandant rief wahllos zehn Nummern auf, und die Männer traten vor. Unter ihnen war ein junger Pole, Franz Gajowniczek. Er trat weinend aus der Reihe und brach schreiend zusammen. Da löste sich ein elfter Mann aus der Reihe und ging auf den Lagerleiter zu: »Ich bin katholischer Priester. Ich bitte Sie, lassen Sie mich für den Mann gehen, der eine Frau und drei kleine Kinder zu Hause hat!« Der Lagerleiter war so verblüfft, daß er der Bitte nachgab. Pater Maximilian Kolbe ging für den jungen Polen in die Zelle und starb an seiner Stelle einen qualvollen, elenden Tod. Der andere Mann war gerettet. Er hatte durch das Opfer des Paters sein Leben noch einmal geschenkt bekommen.

»Ist einer gestorben, so sind alle gestorben«, ist ein Schuldloser gestorben, der sein Leben für Schuldige hingeben konnte, so *gilt*, daß auch sie gestorben sind (2. Kor 5,14). In Wahrheit sind sie frei, haben sie Leben, weil er sein Leben für ihr Leben eingesetzt, ihr Leben mit seinem Leben ausgelöst hat (Mk 10,45).

So und nur so, im Blick auf die durch seinen Tod geschehene Tilgung unserer Schuld sind wir nun unschuldig, frei und sündlos, ja »*heilig*«.

Dieser Zusammenhang steckt dahinter, wenn Paulus den Satz wagt: »Christus ist euch geworden zur Gerechtigkeit und Heiligkeit/Heiligung und Erlösung« (1. Kor 1,30).

Dieser Satz ist nichts anderes als das Wort vom Kreuz: Wir sind nicht heilig, wir sind Sünder. Und wir bleiben es. Aber Gott sieht unsere Sünde und unsere Schuld nicht an, weil er Christus sieht, seinen Tod für unseren Tod, unsere Schuld als seine Schuld, seine Gerechtigkeit für unsere Gerechtigkeit und unsere Ungerechtigkeit als seine Ungerechtigkeit. Das heißt: Christus ist unsere Gerechtigkeit, Christus ist unsere Erlösung, Christus ist unsere Heiligkeit!

Nun verstehen wir, warum es nicht anders sein kann: *Christus* – unsere Heiligkeit, *Christus* – unsere Gerechtigkeit.

Diese Heiligkeit ist eine uns von Haus aus »fremde«,

die uns vor Gott von Christus nur zugesprochen wird – aber was heißt hier »nur« –, die uns zugesprochen werden muß, eben weil wir sie von uns aus nicht haben und nie und nimmer erreichen können.

Die von Gott geforderte und für die Gemeinschaft mit ihm unabdingbare Heiligung ist nicht unser Werk; sie kommt von außen auf uns zu. Diese Heiligung zur Gottesgemeinschaft ist nicht eigentlich unsere, sondern Christi Heiligung für uns.

Wiederum bringt das Wort vom Kreuz den Sachverhalt auf den in der Tat springenden Punkt: *Auch in puncto Heiligung gilt es, nichts zu wissen als nur Christus und ihn als den Gekreuzigten.*

3. Das Leben kann noch einmal beginnen

Es gibt außer 1. Korinther 1,30 noch eine andere Stelle in diesem Brief, in dem dieser Sachverhalt sehr schön deutlich wird. Paulus spricht von vielerlei Mißständen, und er wird richtig »scharf«:

»Es ist nun schon überhaupt ein Fehler an euch, daß ihr Rechtshändel miteinander habt. Warum laßt ihr euch nicht lieber unrecht tun? Warum laßt ihr euch nicht lieber übervorteilen? Aber ihr selbst tut unrecht und übervorteilt, und das Brüdern gegenüber! Oder wißt ihr nicht, daß Ungerechte das Reich Gottes nicht erben werden? Irrt euch nicht! Weder Unzüchtige, noch Götzendiener, noch Ehebrecher, noch Wollüstige, noch Knabenschänder, noch Diebe, noch Habsüchtige, noch Trunkenbolde, noch Lästerer, noch Räuber werden das Reich Gottes erben« (1. Kor 6,7–10).

86

Aber dann erinnert er sich und die Gemeinde in Korinth an das Entscheidende, an das Wort vom Kreuz:

>*Aber* ihr seid abgewaschen, *aber* ihr seid geheiligt, *aber* ihr seid gerechtfertigt worden durch den Namen unseres Herrn Jesus Christus und durch den Geist unseres Gottes.«

»... aber ihr seid geheiligt«! Da ist es wieder: Christus ist uns geworden zur Heiligung. »Ihr seid geheiligt« (1. Kor 6,11) – wenn Christen ihre Bibel doch nur genauer lesen würden! »Ihr seid geheiligt« – das ist ein Passiv, eine Erleidensform. Bei der Heiligung tun wir nichts; hier wird etwas an uns getan; hier sind nicht wir die Aktiven, hier ist allein Gott der Aktive. Heiligung zur Heiligkeit der Gottesgemeinschaft – das ist nichts, was wir tun könnten, vielmehr ist auch das noch etwas, was Gott an uns tun muß und tut.

Wiederum stehen wir einem gleichermaßen unglaublichen wie befreienden Sachverhalt gegenüber. Und wiederum könnten wir das nicht glauben, wenn nicht das Wort vom Kreuz uns dabei behaftete: Christus, der Gekreuzigte, zeigt uns ja unsere bleibende Verlorenheit, unsere bleibende Natur, unsere bleibende Unfähigkeit, uns Gott zu nähern. Dieses Kreuz ist das glasklare Urteil über alle unsere Versuche, besser, heiliger zu werden. Das Wort vom Kreuz läßt uns aber zum Glück, zu unserem Glück, nicht mit diesem Befund allein. Genauso wie unsere Unheiligkeit zeigt es uns ja unsere zwar fremde, aber zugeeignete Heiligkeit in Christus. Es zeigt uns den Christus, der bei aller unserer Schuld, Verfehlung, Verstrickung, Verwirkung von Leben auf die stellvertretende Hingabe seines Lebens weist und sagt: Auch dafür habe ich mein Leben eingesetzt. Dieses vertane, verwirkte Leben ist ausgelöst; der Mann hat eine neue Chance. Das Leben kann noch einmal beginnen.

Am Wort vom Kreuz orientiert, werden wir nun allen Redeweisen äußerst skeptisch entgegentreten müssen, die Heiligung als eine an den Menschen gerichtete Aufforderung zur Besserung seines Lebens begreifen. Heiligt ihr euch! Hier wird der Mensch ja gerade wieder unter das Joch einer Selbsterlösung gezwungen. Wieder ist der Mensch zur Verzweiflung verurteilt, weil er im Angesicht seiner Unfähigkeit entweder in abgrundtiefe Resignation stürzt oder aber zu einer noch gefährlicheren Schein-Heiligkeit verführt wird.

Das Urteil von Paulus ist an dieser Stelle überraschend eindeutig, ja heftig. An die Galater, die die Rechtfertigung durch Christus gerne mitnahmen, aber meinten, sie müßten sich auch noch durch Beschneidung, also eigene Taten, Gott genehm machen, schreibt er: »Für die Freiheit hat Christus euch freigemacht. Steht nun fest und laßt euch nicht wieder durch ein Joch der Sklaverei belasten! Siehe, ich, Paulus, sage euch, daß Christus euch nicht nützen wird, wenn ihr euch beschneiden laßt« (Gal 5,1 f.). Ich füge hinzu: ... wenn ihr selbst eure Heiligung bewirken wollt. Und dann setzt er noch einmal ein (3,4): »Ich bezeuge aber noch einmal jedem Menschen, der sich beschneiden läßt, daß er das ganze Gesetz zu tun schuldig ist. Ihr seid von Christus abgetrennt, die ihr im Gesetz gerechtfertigt werden wollt; ihr seid aus der Gnade gefallen.« Also: entweder ganz oder gar nicht! Entweder wir verlassen uns ganz auf Christus, auf das Wort vom Kreuz, oder wir geben es preis. Christus – und er als gekreuzigt –, das ist und bleibt die Zumutung, daß Gott allein die leeren Hände füllt.

An keiner Stelle des Neuen Testamentes finden wir den Appell zu ethischem Wachstum, zur Besserung, zur fortschreitenden Kultivierung des Menschen, wie es das griechische Ideal der Antike und auch der Aufklärung war. 1. Korinther 6 – wie auch zahlreiche andere Stellen in neutestamentlichen Briefen, in denen die Empfänger ermahnt werden – hat vielmehr eine ganz andere Grundstruktur. Da steht nirgendwo: Bessert euren natürlichen Menschen! Da steht vielmehr: Werdet, was ihr in *Christus* seid!

Das, was in Christus geschehen ist, hat eine dermaßen befreiende Wirkung, daß eine Umorientierung möglich ist. Leben in der Gemeinschaft mit Gott, dem Vater, befreit von Schuld. Angenommen sein von Gott – das bedeutet eine Entlastung, die Energie freisetzen kann für eine umfassende Umorientierung im Leben.

4. Als Christ perfekt sein?

Wir werden über diese Umorientierung, das Leben im Geist, noch zu reden haben. Zunächst ist es vor allem anderen wichtig, daß wir uns energisch absetzen gegen eine unterschwellig grassierende Irrlehre: die Überzeugung, ein Christ könne immer besser und schließlich moralisch vollkommen werden.

Heiligung, verstanden als Weg zur Perfektion, Vervollkommnung – eine Scheinheiligkeit? Ist das nicht ein wenig hart? Der Johannesbrief urteilt noch härter. Er hält es sogar für Selbstbetrug: »Wenn wir sagen, daß wir keine Sünde haben, betrügen wir uns selbst, und die Wahrheit ist nicht in uns« (1,8). Schon damals hatten die Apostel mit solchen schwärmerischen, überspitzten Auffassungen zu kämpfen, die zunächst zu faszinieren vermögen, dann aber jeden im Gewissen geschärften Christen in immer größeres Elend stürzen. Sind das nicht hohe, hehre Ziele: sündloses Christsein, völlige Hingabe? Aber wie furchtbar, wenn ich sie trotz aller Anstrengung, trotz aller Bemühung verfehle! Wieder taucht dann die quälende Frage auf: Bin ich überhaupt Christ? Bin ich noch Christ? Bin ich ein rechter Christ?

Was für Machtmittel sind diese Gewissensfragen erneut Geknechteter in den Händen von skrupellosen Macht-Menschen in den großen Kirchen, aber auch in Freikirchen, v. a. in Sekten geworden! Hier kann wieder nur das Wort vom Kreuz befreien. Christus – und er als an unserer Stelle Gekreuzigter – das heißt ja: »Wenn wir sagen, daß wir keine Sünde haben, betrügen wir uns selbst.« Wenn wir von Sündlosigkeit faseln, dann *sind* wir aus der Wahrheit herausgefallen, dann sind wir nicht mehr bei Christus, dem Gekreuzigten.

Wir müssen wissen, was wir tun, was wir wollen. »Dem, der Werke tut«, schreibt Paulus (Röm 4,4), »wird der Lohn nicht angerechnet nach Gnade, sondern nach Schuldigkeit. Dem dagegen, der nicht Werke tut«, d. h. der nicht selbst gerecht und heilig werden will vor Gott, »sondern glaubt an den, der den Gottlosen rechtfertigt, dem wird sein Glaube zur Gerechtigkeit gerechnet.«

Rechtfertigung des Gottlosen – das ist das Wort vom Kreuz, Rechtfertigung nur dessen, der wie der Zöllner seine Gottlosigkeit einsieht und Gott alles anheim stellt. Der Theologe Ernst Käsemann beschreibt das Aufregende dieser Aussage, befreiend für den, der um seine Gottlosigkeit weiß, anstößig für den, der sich auch als Christ noch für einen religiösen, frommen Menschen hält: »Glaube ist für Paulus nicht mit Frömmigkeit identisch. Strengste Frömmigkeit und Moral können für den Apostel durchaus das Gewand der Gottlosigkeit sein, ... *Glaube (ist) ... das Bekenntnis, daß dieser (Gott) stets und nur Gottlose gerecht macht.*«[1] Stets und nur Gott–*lose*! Noch einmal: Wir brauchen uns nicht zu sorgen und nicht zu verzagen, wenn wir auch als Christen immer erneut erkennen müssen, daß wir nicht nur gottlos waren, sondern weiter gottlos sind. Denn Gott rechtfertigt stets und nur Gottlose, solche, die nicht anders können, als immer neu und immer wieder mit leeren Händen zu ihm zu kommen und sie von ihm füllen zu lassen.

Unter den Legenden des klassischen Altertums gibt es auch die Geschichte von Sisyphos. »Die Götter haben Sisyphos dazu verurteilt, unablässig einen Felsblock einen Berg hinauf zu wälzen, von dessen Gipfel der Stein von selbst wieder hinunterrollte. Sie hatten mit einiger Berechnung bedacht, daß es keine fürchterlichere Strafe gibt als eine unnütze und aussichtslose Arbeit.«[2]

Für den Philosophen und Schriftsteller Albert Camus ist dieser Mythos vom Sisyphos Sinnbild der absurden Existenz des Menschen in einer Welt, der man keinen Sinn ansehen kann. Der Zustandsbeschreibung werden Christen zustimmen können. Schlimm wird es ja erst, wenn man auch das eigene Christenleben in dieser Geschichte wieder entdeckt. Dieses Leben müßte ja eigentlich besser sein; es dürfte da nicht so vergeblich verlaufen. Es müßte doch ein Leben des Sieges sein und nicht unausgesetzter, immer neuer Rückschläge. Es müßte ein Leben sein, in dem man weiter kommt, etwas sieht, etwas Beständiges schafft.

Wie oft aber machen gerade selbstkritische Christen die Erfahrung, daß sie trotz aller erneuten Anstrengung nicht weiter kommen; daß sich ihr Leben nicht dauerhaft verändert, daß die Steine, die man mit ungeheurer Kraftanstrengung auf den Berg gewälzt hat, nicht dort oben bleiben; daß wir uns also noch einmal dieser Mühe und Tortur der Heiligung unterziehen müssen und nicht wissen – das ist das eigentlich Schlimme dabei –, ob der Stein auch nach dieser kräfteverzehrenden Übung nicht erneut zu Tal fallen wird. Mutlosigkeit, Verzweiflung und Depressionen machen sich breit. Wieder haben wir uns nicht beherrschen können; wieder sind wir »gefallen«, – obwohl wir doch Christen sind! Manchmal ist es auch so, daß man einen Felsen nach oben gewälzt hat, und es liegt schon ein neuer vor unseren Füßen. Und dann darf man ja noch nicht einmal müde sein. Denn Christ-Sein – das ist die gängige Ideologie – heißt ja, im Prinzip über unendlich viel Kraft und Energie verfügen. Darum gilt im Prinzip: Keine Aufgabe ist zu groß, keine Strecke zu lang, kein Tag zu kurz. Um so schlimmer ist dann die Entdeckung, die wir ausgerechnet dann machen, wenn wir wirklich nicht mehr können, wenn wir alles versucht haben und wenn wir ganz »ausgepowert« sind: die Entdeckung des Sisyphos. Und es stellt sich noch drängender die Frage: Sind wir o. k? Ist unser Glaube, unser Christ-Sein o. k? Gibt es da um uns herum nicht so viele Strahlemänner und Strahlefrauen, denen offenbar das gelingt, was uns, wie Sisyphos, nicht gelingt? Die ihr Christ-Sein packen?« Dann wird uns womöglich noch das Bibelwort vorgehalten: »Gott ist doch treu. Er läßt nicht zu, daß ihr über euer Vermögen versucht werdet« (1. Kor 10,13). Und wie schnell wird dann ein anderes Wort, das auch aus des Apostels Feder stammt, vergessen. Paulus vertraut den Korinthern

92

seine Not in Kleinasien an und berichtet, »daß wir übermäßig beschwert wurden, über Vermögen, so daß wir selbst am Leben verzweifelten.« Der große Apostel – selbst er! – des Lebens müde (2. Kor 1,8).

Das scheint ja das säkulare Evangelium zu sein, das säkulare der Psychologie wie das scheinbar fromme: »Ich bin o. k.« Kann aber etwas Evangelium sein, gute, freimachende, aufhelfende Mitteilung, wenn wir daran zerbrechen? Das uns nicht aufhilft, sondern im Gegenteil noch mehr niederdrückt.

Noch einmal sehen wir auf das Kreuz. Dort lesen wir nicht: »Du bist o. k.« Dort sehen wir das genaue Gegenteil. Dort wird uns das fromme wie das säkulare Evangelium: »Es ist möglich, o. k. zu sein«, verboten. Dort finden wir ein anderes, das wirkliche Evangelium, das allein uns frei zu machen vermag. Das Evangelium, das uns im Gekreuzigten begegnet, lautet nicht: »Du bist o. k.« Das wirkliche Evangelium, das Wort vom Kreuz ist viel *besser* als das. . . . Das Evangelium sagt: »Du bist nicht o. k., aber das ist o. k.«(Richard Rohr)[3]

Heiligung als Befähigung zur Gottesgemeinschaft – das ist nicht, kann nicht unsere Tat sein; es ist allein Christi Tat für uns (Hebr 2,11). Und das ist o. k. Das macht mich frei. In dieser Freiheit kann ich leben. Dank dieser Freiheit *kann* ich erst leben, entlastet, unbeschwert – mit allen Fehlern und Sünden, trotz allem Zukurzkommen und Schuldigwerden. Von hier aus gewinnen wir dann auch eine Antwort, ob und wenn ja: inwiefern diese Heiligung, in der allein Christus an uns handelt, nicht auch unser Leben verändert. Was bedeutet Heiligung als Gottes Tat für die konkrete Gestalt meines Lebens? Wieder erinnern wir uns an den inzwischen bewährten Grundsatz des Paulus, auch in dieser Sache nichts anderes wissen zu wollen und zu können als nur

Christus und ihn als Gekreuzigten. Diesen Kruzifixus wollen wir allein anschauen. Das wirkt, und das zieht. »Ist das nicht ein bißchen wenig?« werden Sie vielleicht fragen. Ich behaupte, dieses Anschauen des Gekreuzigten, dieses Blickkontakt-Halten mit Christus hat ungeheure Folgen.

5. Konsequenzen

Nur Christus zu wissen – das heißt nicht, das Leben in der Weise zu verändern, daß ich mich an den Maßstäben und Vorstellungen anderer Christen, seien sie auch noch so gut und fromm gemeint, messe und dann versuche, auch mein Leben nach ihnen einzurichten. Gerade die Vorgaben anderer Gewissen und v. a. meines eigenen Gewissens können schrecklich in die Enge und in die Irre führen: »Mir aber ist es das Geringste, daß ich von euch oder einem menschlichen (Gerichts-)Tag beurteilt werde; ich beurteile aber auch mich selbst nicht« (1. Kor 4,3). Mir ist es ziemlich gleichgültig, wie andere über mich denken. Ich denke ja noch nicht einmal selber über mich nach. So souverän kann man als Christ sein, – wenn man nicht auf Menschen schaut, sondern auf Gott!

Paulus formuliert christliche Lebensgestaltung ein Stück weit sogar kritisch und im Gegenüber zu dem, was uns unser Gewissen so alles vorschreibt und wie es uns beeinflussen will. Da gibt es das Gewissen der Schwachen, das schwach ist, das wir nicht verletzen sollen, um den Glauben der Schwachen nicht zu gefährden (1. Kor 8), das aber eben als solches, als schwaches Gewissen, in die Irre führt. Da gibt es aber auch das eigene Gewissen, das uns verklagt, anklagt, obwohl wir doch freigesprochen worden sind.

Nein, so hart das im Einzelfall auch sein mag: Einzige Orientierung, einzige unerläßliche Orientierung für unser Leben ist das Kreuz Christi. Auch im Hinblick auf die Frage, wie unser Leben sich ändern soll, kann ein Christ nichts anderes wissen als nur Christus und ihn als gekreuzigt. Was aber sehen wir da? Und wie verändert dieses Anschauen des Gekreuzigten unser Leben? Mir sind drei Punkte wichtig:

a) Wenn Christus unsere Heiligkeit ist (1. Kor 1,30), dann gilt, trotz unserer Fehlschläge und Fehltritte, unseres Verschuldens und sogar unserer Verstrickungen: Vor Gott, bei der entscheidenden Instanz, bin ich ein anderer, werde ich anders gesehen. Gott vergibt mir. Wenn nur Christus unsere Heiligkeit sein kann, dann weiß ich: Ich brauche meine Heiligkeit durch eigene Heiligung nicht erst herzustellen, und ich weiß dann auch, daß ich das gar nicht kann.

Atmen Sie einmal tief durch und lassen sie das wirken! Es gilt trotz des faktischen Zustandes unseres Lebens das große Aber, der große Widerspruch Gottes: »Aber, aber ihr seid abgewaschen ...« Das und allein das gibt Gelassenheit; Gelassenheit, die mich löst von der Fixierung auf mich selber, mein Gut- oder mein Schlecht-Sein, mein Gelingen oder Versagen. Erst wenn ich nicht mehr dauernd meinen Puls fühle und nach meiner geistigen Temperatur frage, werde ich frei; frei zur Aktivität, frei zu dem, was wirklich getan werden muß.

Erst wenn ich frei von dem Zwang zur dauernden Selbstkritik und Selbstheiligung bin, gewinne ich den Horizont, in dem ich erkenne, was dran ist. Erst dann gewinne ich Kraft für die Prioritäten, die sich mir ganz neu ordnen. So wird Christus für uns zur Kraft, Kraft Gottes zu einem befreiten Leben.

Ich fasse zusammen: Der Blick auf den Gekreuzigten befreit, weil er mir im gleichen Atemzug meine Unfähigkeit zur Heiligung offenbart, wie er mir die von Christus gewirkte Heiligung zur Gottesgemeinschaft zuspricht.

b) Wenn ich auf den Tod Christi sehe, dann begreife ich zugleich, daß mein Leben nun nicht mehr mir gehört. Er hat sein Leben eingesetzt, um mein verwirktes auszulösen. Es ist nur logisch, nichts anderes als selbstverständlich, daß meine ganze Loyalität nun ihm gehört. Ich verdanke mich, meine neue Lebensmöglichkeit, diesem Mann auf Golgatha. Das schafft eine neue Bindung, das verpflichtet mich ihm. Viele Menschen, seltsamerweise auch manche Theologen, haben Angst, haben unheimliche Vorbehalte, diesen Sachverhalt auszusprechen. Er faßt sich im kürzesten Glaubensbekenntnis zusammen, das wir im Neuen Testament haben. Es lautet: »Jesus Christus ist Herr«, oder in der persönlichen Anrede: »Herr Jesus Christus«. Das, die Herrschaft eines anderen über mich, sei doch niemandem mehr zuzumuten. Dabei wird ein, nein, der entscheidende Gesichtspunkt übersehen: Wir sind ja nicht einfach herrenlose Wesen; wir leben in vielerlei Bindungen, die uns knechten, angefangen beim Gewissen anderer bis hin zum eigenen. Diese Welt ist voll von Menschen, Mächten, Institutionen, die Anspruch erheben auf unser Leben, auf unsere Zeit, unsere Kraft und unser Geld; die uns sagen: »So mußt du leben, wenn dein Leben anerkannt werden soll; nur wenn dich andere anerkennen, dann bist du jemand; so mußt du dich kleiden, den und den Wagen mußt du haben; so mußt du dich einrichten; so mußt du denken, die und die politische Einstellung ist entscheidend. Das mußt du wissen, wenn du up to date sein willst – und das heißt doch: dafür mußt du deine Zeit einsetzen. *So mußt du dich verhalten gegenüber Kindern, Paten, den Nächsten, den Freunden, den Skinheads und den Punks, den Politikern etc., wenn du es richtig machen willst.«* Usw.

Das eigentlich Bedrohliche, das, was die ganze Orientierung heute so schwierig macht, was uns nicht mehr zu Ruhe kommen läßt, uns keine Ruhe mehr gönnt, ist die Vielzahl und Vielfalt konkurrierender Machtansprüche, miteinander wetteifernder Forderungen an unser Leben. Wir haben keinen Überblick, wir können uns nicht umfassend informieren, – darum verschreiben wir uns in der Regel dem, was uns am nächsten liegt, was wir vielleicht kennen oder mögen oder was Freunde und Verwandte bestimmen. Vernünftig ist ein solches Verhalten nicht.

Der Blick auf Christus als den Herrn, den, der durch seine Stellvertretung in erster, zweiter und dritter Linie ein Recht auf mein Leben hat, befreit mich mit einem Mal von dieser Polyphonie, die doch nur Kakophonie ist, d. h. von einer Vielstimmigkeit, die doch nur schlechte Töne erzeugt.

Der Blick auf den Gekreuzigten macht frei, hilft uns zur Freiheit von allen anderen Herrschaftsansprüchen auf unser Leben. Wo wir auf ihn schauen, werden wir nicht mit einem Mal, aber doch immer mehr frei, gewinnen wir Distanz von all dem, was uns vorher so nah auf den Pelz gerückt ist. Diese Freiheit ist radikal: »Wer Vater oder Mutter mehr liebt als mich, ist meiner nicht wert«, sagt Christus (Mt 10,37). Selbst auch die Regelung des Verhältnisses zum Ehepartner ergibt sich und gestaltet sich von Christus her. Auch noch in den engsten und verpflichtendsten Beziehungen gibt uns die eine, vor allen anderen wichtige Beziehung: die Beziehung zu unserem Herrn einen freien, kühlen Kopf. Wieder werden wir frei, um die Prioritäten richtig zu ordnen, gewinnen wir in immer erneutem Aufblick zu Christus die Freiheit und den Mut, uns umzuorientieren und womöglich neue Akzente zu setzen.

Darum gilt also zweitens: Der Aufblick zu Christus als dem Herrn befreit von anderen Herrschaften und Herrschaftsansprüchen. Die herrliche Freiheit der Kinder Gottes, von der Paulus schwärmt (Röm 8,21), hat ihre Ursache allein in dieser Beziehung zu Christus als dem Herrn. Weil er sich mir zu eigen gemacht hat, gehöre ich nun mit Haut und Haaren ihm. Wo der Aufblick zu ihm das Denken, Fühlen und Handeln bestimmt, da werden Christen mit einem Wort Martin Luthers zu den freiesten aller Menschen.

c) Das Dritte schließlich, was mir der Anblick des Gekreuzigten zeigt, ist seine Liebe; eine Liebe, die mich freimacht von Selbstliebe und die mich befähigt zur Nächstenliebe, weil sie ansteckend ist. Es ist eine Demut, die mich freimacht von Hochmut und Egoismen, und die mich befähigt zum Dienst am Nächsten, – nicht auf Kommando, sondern weil die Demut des Gekreuzigten mich innehalten, anhalten läßt im unablässigen Kreisen um mich selbst, meine Lebensbedürfnisse und alles, was ich als meinen Lebensraum ansehe.

Paulus selbst macht im Philipper-Brief deutlich, daß es auch hier nicht auf Forderungen ankommt, die ich oder andere an mich stellen, daß unfaßlicherweise auch hier nur gilt, nichts anzuschauen, nichts zu fordern als nur den Anblick Christi und ihn als für uns Gekreuzigten. Es ist höchst bezeichnend, wie Paulus in Philipper 2 argumentiert. Zuerst kommen eine ganze Anzahl Bitten, auch Imperative, bei denen einem der Atem stocken könnte:

»Wenn es nun irgendeine Ermunterung in Christus gibt, wenn irgendeinen Trost der Liebe, wenn irgendeine Gemeinschaft des Geistes, wenn irgendein herzliches Mitleid und Erbarmen, so erfüllt meine Freude, daß ihr dieselbe Gesinnung und dieselbe Liebe habt, einmütig, eines Sinnes seid, nichts aus Eigennutz oder eitler Ruhmsucht (tut), sondern in der Demut einer den anderen höher achtet als sich selbst; ein jeder sehe nicht auf das Seine, sondern ein jeder auch auf das der anderen« (2,1–4).

Und dann folgen jene fundamentalen Sätze, von denen her Licht fällt auf die Frage, wie denn das zu erreichen ist. Paulus sagt zunächst: »Diese Gesinnung sei in euch, die auch in Christus Jesus war.« Damit faßt er alles vorher Gesagte zusammen. Aber er bleibt doch bei dieser Zusammenfassung, dieser letzten steilen Forderung nicht stehen. Nun tut er das, was er im 1. Korinther-Brief mit »nichts wissen« bezeichnet, was Luther »Christus vor Augen malen« nennt. Mit einem in seiner Tiefe wunderbaren, beeindruckenden Christus-Lied, mit einem in den Gemeinden wohl kursierenden Lob des Gekreuzigten malt Paulus ihnen dessen Weg vor Augen:

»Er war in Gestalt Gottes und achtete es nicht für einen Raub, Gott gleich zu sein. Aber er machte sich selbst zu nichts und nahm Knechtsgestalt an, indem er den Menschen gleich geworden ist, und der Gestalt nach wie ein Mensch erfunden, erniedrigte er sich selbst und wurde gehorsam bis zum Tod, ja, zum Tod am Kreuz« (2,6–8).

Dieser Weg, diese Anschauung des Weges, der Gesinnung, der Haltung Christi setzt erst und immer neu in uns Freude, Dankbarkeit und Energie frei, – »frei« im Sinne von freiwillig, freudig und fröhlich.

Hier, in der Anschauung Christi, liegt der Grund für unser eigenes Christsein. In der Wahrnehmung dieser Demut, Niedrigkeit und Nächstenliebe Gottes werden wir zu solchen, die selber solche Demut an anderen wahrnehmen; die – wo doch Gott nicht davor zurückscheut – sich auch nicht scheuen, den anderen höher zu achten als sich selbst, und die im Angesicht des Verzichtes Christi frei werden zur Selbstaufgabe und Hingabe um seinetwillen.

Alles hängt freilich an diesen beiden letzten Worten: »um seinetwillen«. Alles wird schief, alles wird wieder Zwang, »Gesetzes«-Druck, tötende Verzweiflung, wenn wir dies nicht beachten: *Alle Aktivität darf nur kommen aus der Wahrnehmung des Gekreuzigten.* Nichts anderes darf und kann uns motivieren, darf und kann uns Kraft und Freude geben zu einem solchen Leben, als nur das alleinige Wissen um Christus und ihn als den für uns Gekreuzigten.

Wer so lebt aus der Anschauung des gekreuzigten Herrn, der wird sich nicht dauernd selber den Puls fühlen. Er wird sein geistliches Wachstum auch nicht dauernd an einer ihm doch nur von andern aufgedrängten Meßlatte kontrollieren, – etwa wie wir das Wachstum unserer Kinder an einem Zollstock markieren. Er wird von all dem unabhängig, zumindest unabhängiger werden, zumindest immer mehr von solchen Maßstäben und Motiven frei werden, die die des Gekreuzigten nicht sind.

Es wird vielmehr umgekehrt so sein, daß wir uns

vielfach verändern, ohne daß wir das merken: Es wird in der Regel so sein, daß andere das eher merken als wir, *daß* wir uns ändern – Christus ähnlicher werden, hineinwachsen in das Bild Christi.

6. Werdet, was ihr seid!

Es könnte eine Art Hausaufgabe für die eigene Bibellektüre sein, einmal zu überprüfen, ob nicht alle Handlungsanweisungen im Neuen Testament letztlich den einen Grundtenor haben: *Werdet, was ihr seid!* Werdet, was ihr in Christus schon seid! Entsprecht der Heiligkeit, die Christus für euch schon erwirkt hat und die vor Gott schon gilt, mehr und mehr auch mit eurem übrigen Leben, mit eurem natürlichen Leben! Es ist ja klar, was ihr seid, was ihr dort, wo es darauf ankommt: vor Gott, schon seid. Schaut das an, erinnert euch immer erneut an Christus und den Gekreuzigten, und ihr werdet auch euer alltägliches Leben mehr und mehr und immer erneut umgestalten. »Jeder, der die Hoffnung (auf diesen Christus) hat, der reinigt sich selbst, wie *er* rein ist« (1. Joh 3,3).

Wenn ihr seht, daß ihr frei seid, könnt ihr dann anders, denn als Befreite zu leben? Nehmt eure Freiheit wahr! Wenn ihr seht, was Gott eingesetzt hat, um euch nahe zu sein und zu helfen, könnt ihr dann anders, als euererseits zu helfen? Wenn ihr begreift, wie euch von ihm geholfen worden ist, könnt ihr dann anders, als anderen zu helfen?

Im Kern tut Paulus nichts anderes als die Christen, als uns zu erinnern an das, was Gott in Christus getan hat und was wir darum in Christus schon sind. Es bleibt dabei: Heiligung ist Gottes Tat in Christus; Veränderung des Lebens ist Gottes Tat, die der Heilige

Geist freisetzt, indem er uns an Christus erinnert, an Christus – und ihn als gekreuzigt.

Immer neu müssen wir uns daran erinnern: Diese Veränderung ist nur Konsequenz, nur Folge, aber nie Ursache oder gar Bedingung unseres Heils. Sie ergibt sich quasi zwangsläufig, wo wir Christus und ihn als gekreuzigt im Visier behalten. Das freilich ist entscheidend. Diese Veränderung vollzieht sich als Prozeß, als fortschreitendes Geschehen, als ein fortschreitendes Einbeziehen aller unserer Lebensbereiche in die Gemeinschaft mit Christus. Oder sollte ich besser sagen (was aber in der Sache dasselbe ist): als eine fortschreitende Befreiung, Erlösung aller unserer Lebensbereiche und Lebensäußerungen, als eine Befreiung von Bindungen, Ansprüchen und Normen, die uns knechten, gefangennehmen und uns unsere Kraft, Zeit und Mittel stehlen wollen?

7. Gott will, daß wir leben

Diese Veränderung vollzieht sich nach dem Wort Johannes des Täufers: »Ich muß abnehmen; er aber muß zunehmen« (Joh.3,30). Nicht Ich-Tötung ist gemeint, nicht Askese. Dieses Moment von Lebensverneinung ist ein schreckliches Mißverständnis: nicht Lebensverneinung, sondern im Gegenteil Lebensbejahung; nicht Ich-Tötung, östliche Verneinung des eigenen Ichs bis hin zu dessen Auflösung; nicht Absterben-Lassen aller Lebenstriebe ist gemeint, sondern das Gegenteil. In Jesus Christus begegnet uns ja der Schöpfer-Gott, der unser Leben will. Gott »will, daß wir leben« (vgl. 3. Mose 18,5). »Ich bin gekommen, damit sie Leben haben und es in Überfluß haben« (Joh 10,10). Nicht Ich-

Tötung, sondern Ich-Wechsel, nicht Negation der eigenen Identität ist gemeint (wie eine Pflanze, die immer mehr Blätter verliert und schließlich ganz eingeht), sondern Wechsel der Identität. Im Bild von der Blume, die verkümmert, weil ihre Wurzeln keine Nahrung und keinen Raum mehr finden: Wir müssen umgetopft werden – oder, um noch ein anderes Bild zu gebrauchen: Es geht um den Umzug in ein neues, in ein richtiges Zuhause: Stück für Stück werden wir im schönen, großen neuen Haus nicht nur eine neue Adresse haben, sondern uns auch neu einrichten, die alten Möbel austauschen, weil sie nicht mehr passen, dem neuen Ambiente nicht mehr entsprechen. Mit den Worten des Paulus: »Ich bin mit Christus gekreuzigt; nun aber lebe ich nicht mehr ich, sondern Christus lebt in mir« (Gal 2,20).

Hier stehen wir vor dem entgegengesetzten Bild, aber demselben Sachverhalt. »Nun aber lebe nicht mehr ich« – das ist der grundlegende Sachverhalt. Ich habe ja mein Leben lange verwirkt. Daß ich noch lebe, verdanke ich der Stellvertretung Christi. Er hat sein Leben für meines gegeben. Darum gehört ihm nun meines. Darum ist das Leben, das vor Gott Bestand hat, das vor Gott gilt, nun nicht mehr meines, sondern allein seines. Und dann kommt die Konsequenz: In die Wände meines irdischen, natürlichen, normalen Lebens ist ein neuer Herr eingezogen, aber nicht irgendein Herr, sondern der Herrscher Jesus Christus. Es ist nicht so, daß er von heute auf morgen meine Wohnung auf den Kopf stellt, mit einem Mal alles zum Sperrmüll bringt, was unverwertbar ist. Aber die Gemeinschaft mit ihm verändert mich doch; das Zusammenleben mit ihm führt zu Konsequenzen; er schenkt mir immer neue, schönere Einrichtungsgegenstände, und es fällt mir dann leicht, die alten Stücke wegzulegen. In unserem Brief kann Paulus auch das Bild vom Tempel gebrauchen: »Wißt ihr nicht, daß ihr der Tempel Gottes seid und der Heilige Geist in euch wohnt?« (3,16). Wißt ihr nicht, daß euer Leib ein Tempel des Heiligen Geistes in euch ist, den ihr von Gott habt, und daß ihr nicht (mehr) euch selbst gehört?« (6,19).

»Wißt ihr nicht?« Nichts wissen, außer: Christus und ihn als für euch gekreuzigt, ihn als den, der nun euer Leben ist. »Wißt ihr nicht?« – nicht mehr ist nötig und nichts ist mehr nötig als diese Erinnerung. »Wißt ihr nicht« – nichts anderes ist der Grund, der einzige Grund unseres christlichen Lebens als dies: nichts wissen außer Christus und ihn als unser Leben.

Das ganz normale Christenleben (3): Merk-Knochen christlichen Lebensstils

1. »Alles ist euer, ihr aber seid Christi!«

Vielleicht kennen auch einige von Ihnen das »Tagebuch eines frommen Chaoten« von Adrian Plass. In diesem amüsant zu lesenden Büchlein nimmt er die Schwächen der Gemeinde Jesu und ihrer Glieder »auf die Schippe«. Er schreibt freilich nicht aus kritischer Distanz, sondern in engagierter Nähe. Er hält uns, den Christen, einen Spiegel vor. Er hilft zur Selbsterkenntnis gerade dadurch, daß wir lachen können über das, was wir dort lesen, nicht zuletzt über uns selbst.

Mit besonderer Sorgfalt ist das Bild des überaus frommen Ehepaars Flushpool gezeichnet. Einen Besuch von Mr. und Mrs. Flushpool schildert Plass in seinem Tagebuch mit folgenden Eindrücken:

»Mrs. Flushpool zu Anne, seiner Frau: Liebe Anne, es ist ja so ein Problem, ein Zimmer in dieser Größe *wirklich* sauber zu halten. Wie sehr bedürfen wir doch der Gegenwart des Mächtigen, selbst inmitten unserer intimsten fraulichen Pflichten.

Mr. Flushpool, der bemerkenswerte Ähnlichkeit mit einer abgemagerten und eingeschüchterten Kirchenmaus hatte, sagte mit sonorer Grabesstimme: Amen dazu!

Von diesem Zeitpunkt an gab Anne kaum noch einen Ton von sich.«

Wir merken schon, hier stimmt etwas nicht. Hier ist irgend etwas schief. Natürlich brauchen wir Gottes Hilfe in allen Lebenslagen, auch im Alltag. Aber trägt man das so vor sich her? Das läßt andere sehr schnell verstummen, die in diese schiefe Rhetorik nicht einstimmen wollen. Aber hören wir weiter:

»Mrs. Flushpool beschrieb ausführlich, wie sie sich von allen fleischlichen Werken und Gelüsten abgewandt habe, seit sie im Blute Jesu gewaschen sei, und wie sie nunmehr in der Lage sei, alles hinter sich zu lassen, was sie zu tun pflegte, als sie noch *im Fleische* wandelte, wie sie sich auszudrücken beliebte. Alles, was sie sagte, wirkte auf mich modrig und bedrückend. Sie und ihr Mann lehnen z. B. Wein ab und meinen, Christen sollten sich schämen, so etwas überhaupt im Hause zu haben, weil es zu *Exzessen des Fleisches* führt. An diesem Punkt ließ Mr. Flushpool ein weiteres sonores Amen dazu vernehmen. Auch der Genuß von Kaffee wurde von beiden nur unter stirnrunzelnden Vorbehalten akzeptiert, weil er geeignet sei, einen in ungeziemender Weise *fleischlich zu stimulieren.*«

Der freche Sohn des Hauses, Gerald, fragte Mrs. Flushpool ohne mit der Wimper zu zucken, ob sie denn *im Fleisch* schwimmen ginge. Sie wies mit Nachdruck darauf hin, daß sie alles täte, damit ihre leibliche Hülle in keinem Manne das Fieber der Fleischeslust erregte.

Mr. Flushpool machte seinen Mund sehr weit auf, um zu sagen: Amen dazu!, besann sich aber rechtzeitig und machte ihn wieder zu. Die Gastgeber, so lesen wir schließlich, sind froh, als das fromme Ehepaar wieder verschwunden ist. Soweit A. Plass.[1]

Vielleicht sind wir alle schon einmal solchen Christen begegnet. Und vermutlich suchen auch wir nicht gerne ihren Kontakt, weil sie Angst oder je nach Selbstbewußtsein Ärger um sich herum verbreiten. Wenn das christlich ist, was sie im Brustton der Überzeugung wie einen Bauchladen vor sich hertragen, dann ist man ja selbst in Frage gestellt – gerade in dem, was das Leben doch auch immer wieder lebenswert macht: Kaffee, Wein, Sexualität, – eben die sog. fleischlichen Genüsse. Lassen wir einmal die Tatsache beiseite, daß solche Menschen nicht gerade eine Reklame für den Glauben sind und nicht gerade attraktiv wirken. Diese Menschen selbst würden das verbuchen unter der »Schmach Christi«, die man eben tragen muß, und sie könnten, mit Recht, auf jede Menge Menschen hinweisen, die diesen fleischlichen Genüssen zum Opfer gefallen sind. Das eigentlich Schlimme ist darum das schlechte Gewissen, das sie uns bereiten. Was diese Menschen uns suggerieren, ist letztlich die Lebenseinstellung: *Spaß ist Sünde*. Wenn man Spaß hat, sündigt man, aller Wahrscheinlichkeit nach!

Wir spüren instinktiv, daß das nicht stimmen kann, – daß man so nicht leben kann, daß wir zumindest so nicht leben wollen. Freilich, dieser fehlende Wille – ist er nicht wieder Sünde? Wir kommen von diesem schlechten Gewissen nur weg, wenn wir uns offensiv mit der hier bezogenen Position auseinandersetzen, indem wir die Bibel selbst befragen. Daß wir das so oft nicht tun, hängt damit zusammen, daß wir fürchten, sie stünde von vornherein auf der Seite der grauen Kirchenmäuse. Das macht die Sache ja so schlimm. Aber diese Furcht ist absolut unbegründet. Gerade im 1. Korintherbrief werden wir mit einer Freiheit konfrontiert, wird uns eine Freiheit zugemutet, die uns zunächst den Atem zu nehmen droht.

Als ich überlegte, wie ich dieses Kapitel betiteln sollte, fiel mir neben dem Satz »Alles ist euer, ihr aber seid Christi« noch ein: »Im Götzentempel zu Tisch«. In der Gemeinde in Korinth gab es eine hitzige Debatte über die Frage, ob Christen denn Götzenopfer verzehren dürften. Die Frommen sagten natürlich:

Das ist doch undenkbar. Das wäre doch Götzendienst und Abfall von Gott.

Um die Auseinandersetzung zu begreifen, müssen wir uns zunächst die Lage in Korinth vergegenwärtigen. In der Antike war Fleisch sehr viel teurer als heute. Die meisten Menschen konnten es sich nicht leisten. Zu erschwinglichen Preisen war es nur dort zu bekommen, wo das Fleisch von Götzenopfern angeboten wurde. Man ging also zum Fleischmarkt des Tempels, mußte freilich damit rechnen, daß das dort angebotene Fleisch einem Götzen geweiht worden war. So ein Fleisch kann ein Christ natürlich nicht essen. Das ist doch klar – oder nicht? Paulus gibt die überraschende Antwort: Kein Problem! Wo soll denn das Problem sein? Ein Problem ist es erst dann, wenn es für *dich* ein Problem ist. Dann laß es besser; laß es auch, wenn dein Verhalten, deine Freiheit für einen Schwachen (also einen, der diese Freiheit nicht hat) zum Anstoß wird und seinen Glauben gefährdet.

Diese notwendige Rücksichtnahme ändert aber nichts daran, daß grundsätzlich gilt: »Alles ist euer. . . . Es sei Welt oder Leben oder Tod, es sei Gegenwärtiges oder Zukünftiges: Alles ist euer, ihr aber seid Christi, Christus aber ist Gottes« (3,22 f).

Warum nicht das Fleisch essen, das Götzen geweiht und dargebracht worden ist? Wie kommt Paulus zu dieser unglaublichen Aussage? Weiß er denn nicht um diese böse Welt und ihren Herrscher? Weiß er nicht darum, daß wir uns aus dieser Welt heraushalten müssen, in jedem Fall aber dort, wo es doch offenbar um Götzen, wir würden sagen: um okkulte Sachverhalte, geht? Was ist der Grund dieser ungeheuren, erschreckenden, weil auf den ersten Blick nicht zu begreifenden Freiheit?

Wir erinnern uns an unseren Grundsatz: Wir wollen

auch in dieser Frage keine andere Erkenntnisquelle gelten lassen, als nur Jesus Christus, und ihn als gekreuzigt.

Natürlich weiß Paulus um den Charakter dieser Welt; natürlich weiß er um den Fürsten dieser Welt; natürlich weiß er, daß die Gestalt dieser Welt vergeht (1. Kor. 7,31). All das sagt und zeigt ja das Wort vom Kreuz. Aber dieses Wort zeigt eben noch etwas anderes, viel wichtigeres: Der Fürst dieser Welt ist gerichtet (Joh 11,31). »Christus ist gekommen, um durch (seinen) Tod den zunichte zu machen (zu entmachten, zur Strecke zu bringen), der die Macht des Todes hat, das ist der Teufel« (Hebr. 2,14). Alle Mächte, alle zerstörerischen Einflüsse sind am Kreuz Christi besiegt. Das drückt ein Wort Martin Luthers so aus: »Christus ist der Tod des Todes.« Mit Christus hat sich der, der die Macht des Todes hat, übernommen. Die nicht zu bändigende, nicht zu begreifende Macht des Vaters der Lüge, des Menschenmörders von Anfang an (vgl. Joh 8,44), ist im Tod Christi dingfest gemacht – und überwunden: Das zeigt uns das Welten wendende Ereignis der Auferweckung Jesu aus der Macht des Todes. »Herr Jesus Christus«, bedeutet vor allem das: Er ist Herr – auch über diese Gewalten, selbst über den Tod, der als stärkste Macht steht für alle Mächte, die Leben verwirken und zerstören, bedrohen und gefährden.

Natürlich ist der Mensch in dieser Welt in Gefahr, sich dauernd zu verschreiben, sich anderen Mächten zu verschreiben, wenn er dem lebendigen Gott die Gefolgschaft gekündigt hat. Der Mensch ist ein Wesen, das Bindungen sucht und Bindungen braucht, das sich in jedem Fall bindet, eben auch dann, wenn es sich von Gott gelöst hat, im Gegenüber zu dem es allein frei leben könnte. Paulus weiß das; er weiß das alles; aber für Christen gilt nun doch ein anderer Sachverhalt. Christus hat diese Mächte entmachtet. Für den Christen, also den, der sich der Herrschaft Christi unterstellt hat, haben diese Mächte, diese Gefährdungen keine Bedeutung mehr.

Paulus wörtlich: »Was nun das Essen von Götzenopferfleisch betrifft, so wissen wir, daß es keinen Götzen in der Welt gibt und daß keiner Gott ist als nur *einer*« (1. Kor 8,4). Paulus denkt und redet hier biblisch, hebräisch. Gott ist der, der die Macht hat; und da gibt es, das wissen wir, wenn wir an die Auferstehung des Gekreuzigten denken, nur einen: den, der die stärkste Macht überwunden, besiegt hat. Paulus bestreitet nicht, daß es Götzen, Götter gibt, die Menschen sich gemacht haben. Paulus bestreitet es so wenig, wie Elia bestreitet, daß es den Gott Baal gibt. Nur, der Baal hat keine Kraft. Diese Götter, Götzen haben keine Macht; sie haben keine Macht da, wo man sich in den Macht- und Einflußbereich des Gottes Israels und Vaters Jesu Christi begibt. Paulus kann darum fortfahren: »Denn wenn es auch sog. Götter gibt im Himmel oder auf Erden – wie es ja viele Götter und viele Herren gibt –, so ist doch für uns (!) *ein* Gott, der Vater, von dem alle Dinge sind und wir auf ihn hin, und *ein* Herr Jesus Christus, durch den alle Dinge sind und wir durch ihn« (8,4–6).

Paulus stellt also erst einmal die Machtverhältnisse klar, und er hält aller Angst von Christen vor schlimmen und gefährlichen Einflüssen die Erkenntnis entgegen: Ihr braucht euch nicht mehr zu fürchten. Das, wovor ihr Angst habt, das ist entmachtet; das hat keinen Einfluß mehr in Gottes Gegenwart. Paulus entzaubert die Welt regelrecht. Das Götzenopferfleisch, um das die Ängstlichen so viel Theater machen, ist doch nur noch Speise. Wörtlich: »Speise aber macht uns nicht angenehm vor

Gott; weder sind wir, wenn wir essen, geringer, noch sind wir, wenn wir nicht essen, besser« (8,8). Es ist schlicht egal, was wir tun; Kriterien des konkreten Handelns sind die Gesichtspunkte, die wirksam werden, wenn ich den Gekreuzigten anschaue:

a) Meine Freiheit findet ihre Grenze in meinem Gewissen. Wenn es schwach ist, also nicht die mögliche Weite hat, wird es befleckt (8,7), wenn ich etwas tue, von dem ich meine, ich sollte es eigentlich nicht tun. Das schwächt mein Christsein. Und das eben ist nicht gut. Dafür bin ich Christus zu wertvoll. Dafür ist Christus nicht gestorben.

b) Meine Freiheit findet ihre Grenze in dem schwachen Gewissen des Bruders und der Schwester. Das heißt nicht, daß ich ihr Gewissen zu meinem mache, mich in allem nach ihnen richten muß. Aber es bedeutet, daß ich dem Mitchristen nicht zu einem Anstoß werden darf, der seinen Glauben schwächt und ihn womöglich zu Fall bringt. Paulus verdeutlicht das am Thema Götzenopferfleisch: »Seht zu, daß nicht etwa diese eure Freiheit den Schwachen zum Anstoß werde. Denn wenn jemand dich, der du Erkenntnis hast (der du um die von Christus bewirkte Freiheit weißt), im Götzentempel zu Tisch liegen sieht, wird nicht sein Gewissen, da er schwach ist, bestärkt werden, Götzenopfer zu essen?« – also etwas zu tun, was er eigentlich nicht will. »Und durch deine Erkenntnis kommt (dann) der Schwache um, der Bruder, um dessentwillen Christus gestorben ist« (8,9–11).

Wieder ist das Wort vom Kreuz der Maßstab: Christus ist für den Bruder, die Schwester gestorben. Er hat sein Leben für sie gelassen, um ihres auszulösen, aus

Knechtschaft und Bindung herauszuführen. Es kann nicht Ergebnis christlichen Lebensstils sein, daß dieses vom Gekreuzigten erweckte neue Leben gefährdet wird.

»Alles ist euer, *ihr aber* seid Christi«, sagt Paulus (3,23). (»Alles ist erlaubt, aber nicht alles ist nützlich; alles ist erlaubt, aber nicht alles erbaut«, heißt es in 1. Kor 10,23).

Damit sagt Paulus: Ihr seid in die herrliche Freiheit der Kinder Gottes (Röm 8,21) gestellt. Aber ihr könnt diese Freiheit eben nur bewahren und erhalten, wenn ihr die *Bindung* beachtet, die allein euch diese Freiheit beschert und gewährt. Alles ist euer, *weil* ihr Christi seid, *sofern* ihr Christi seid. Das »aber« bedeutet keine Einschränkung. Es markiert vielmehr die Basis, den tieferen Grund dieser Freiheit.

Zur Zeit Jesu gab es eine besonders strenge Gruppe unter den Pharisäern. Sie wurden »Pharisäer der Blutgesichter« genannt. Diesen Namen hatten sie, weil sie ihre Augen immer zu Boden gesenkt hielten, um sich nicht durch den Anblick einer Frau und lüsterne Gedanken zu verunreinigen. In dieser gebückten Haltung stießen sie sich natürlich dauernd die Köpfe und Gesichter blutig. War das eine besonders heilige Verhaltensweise? In meinen Augen ist sie nur ein Zeichen für eine schlechte Ehe! Je lieber ich meine Frau habe, je attraktiver sie für mich ist – und Liebe macht attraktiv, Liebe macht schön! –, um so unbefangener kann ich dem anderen Geschlecht begegnen. Um es grundsätzlicher zu sagen: Je mehr ich verankert bin, je fester ich verankert bin, desto weniger muß ich mir Sorgen machen, Skrupel haben, muß ich Angst haben, mich zu verlieren. Je mehr ich um die Herrschaft Christi weiß, je bewußter ich mit ihm lebe, um so freier stehe ich dieser Welt gegenüber. Die Verankerung ist natürlich individuell ebenso verschieden, wie der Grad der Freiheit, der sich daraus ergibt.

Hier muß jeder wissen, wie weit er gehen kann. Und es käme im Raum der Gemeinde darauf an, christliche Freiheit einzuüben. Nicht als Libertinismus, nicht als ungezügelte Freizügigkeit, sondern im Gegenteil: als Intensivierung der Bindung an Christus.

Um noch einmal auf die »Pharisäer der Blutgesichter« zu sprechen zu kommen: Nicht der niedergeschlagene Blick hilft uns weiter. Können wir denn bei dem überhaupt stehenbleiben? Müssen wir uns nicht auch die Ohren verstopfen und vor allem den Mund? Müßten wir uns nicht letztlich die Hände und auch die Füße binden? Ja, müßten wir nicht auch unsere Gedankenwelt, v. a. unsere Phantasie und Kreativität abtöten aus lauter Angst zu sündigen?

Christus, der Gekreuzigte, weist uns einen, den diametral entgegengesetzten Weg. Es hat keinen Sinn, nur Symptome zu bekämpfen und im wesentlichen damit beschäftigt zu sein, immer neuen bösen Erscheinungen auszuweichen. Es gilt vielmehr, das Übel an der Wurzel zu packen, das vagabundierende Ich einzubinden, zu verankern im Gegenüber zu Christus. Es gilt, daß wir uns immer neu seiner Herrschaft vergewissern, daß wir immer neu nichts wissen als nur Christus, und ihn als für uns gekreuzigt, als unseren Herrn. Je mehr wir uns dessen vergewissern, desto mehr wird – wunderbarerweise – der Radius unserer Freiheit und Unbefangenheit nicht schrumpfen, sondern wachsen. Je wichtiger mir dieser Herr und die Beziehung zu ihm ist, um so unwichtiger wird mir ja anderes, desto weniger stehe ich in Gefahr, mich aufs neue an etwas zu binden und mein Lebensziel umfunktionieren zu lassen.

Das Wort vom Kreuz schließt uns damit eigentlich die Welt in einer ganz neuen Weise auf. Schöpfung, selbst die alte, gefallene Schöpfung, wird uns wieder zu dem, was sie nach Gottes Bestimmung sein sollte. In der Bindung an Christus können wir mit ihr umgehen, ohne uns an sie zu verlieren. In der Beziehung zu Christus als Herrn können wir sie haben, ohne sie besitzen zu müssen. Die Bindung an Christus bewirkt, daß wir selbst mit Statussymbolen, die man haben muß, so umgehen können, daß wir in christlicher Enge nicht einfach nur »nein« sagen müssen. Wir können – als Christen – die Dinge haben, ohne daß sie uns haben, in Beschlag nehmen, unsere Zeit, unsere Kraft, unser Geld beanspruchen und unser Leben in den Griff bekommen. (Das ist das »Haben«, als hätte man nicht, von dem Paulus in 1. Korinther 7, 29–31 spricht.)

Da, wo Gott wieder Herr ist, wo wir dem ersten Gebot folgen (und was tut Christus anderes, als im Kreuz die Herrschaft Gottes wieder herstellen), da, wo Gott der Herr ist, da wird die Welt, auch die gefallene, wieder zur Schöpfung, da können wir sogar zu dem, was vergeht, sagen: Siehe, es ist gut!

Der Kirchenvater Augustin benutzte die Worte *uti* und *frui*, »genießen« und »gebrauchen«, um diesen Sachverhalt anschaulich zu machen. Wo wir die Schöpfung »genießen«, da verfallen wir ihr, und sie wird uns zum Gott. Denn das »Genießen« gebührt nur Gott. Da freilich, wo wir *Gott* genießen, da können wir die Welt in Ruhe und Distanz »gebrauchen«; wo das Gottesverhältnis in Ordnung kommt, da renkt sich auch unser Weltverhältnis wieder ein.

Damit bin ich beim vierten Gesichtspunkt:

d) »Alles ist erlaubt, aber nicht alles ist nützlich; alles ist erlaubt, aber nicht alles erbaut« (1. Kor 10,23). Da ist sie wieder, die unglaubliche christliche Freiheit. Wir atmen tief durch und spüren, wie Paulus unseren Fuß in die Weite stellt – im Namen des Gekreuzigten. Diese Freiheit ist nicht nur abhängig von der Bindung an Christus; sie ist zwar nicht einzuschränken, aber doch zu gestalten gemäß den Zwecken seiner Herrschaft.

»Alles ist erlaubt.« Aber wir werden doch zugleich angesprochen auf das Kriterium, gemäß dem diese Freiheit zu gebrauchen ist. »Nicht alles ist nütze« – das verpflichtet nun nicht zu Dauerstreß, ohne den viele Christen gar kein ruhiges Gewissen mehr haben können. Es meint dasselbe wie: »Nicht alles erbaut.« »Nicht alles erbaut« – damit ist nicht die fromme Auferbauung gemeint, sondern das Bauwerk, die Baustelle des Reiches Gottes, die es voranzutreiben gilt. So wenig ein Christ die neugewonnene Freiheit einfach benutzt, um sich neu zu verlieren an ein Allerlei von Angeboten und Beanspruchungen durch andere Mächte, so wenig lebt er seine Freiheit bloß individuell und beliebig. Er füllt sie vielmehr aus im Rahmen der Sendung, in die sein Leben insgesamt gestellt ist.

Das Entscheidende ist, daß dieses Leben in der Beziehung zu Christus und in seinem Herrschaftsbereich nun nicht neue kleinkarierte Vorgaben erzeugt: »Das darfst du tun, das nicht...«. Entscheidend ist vielmehr, daß Paulus uns als Verantwortliche anspricht, die allein entscheiden, was zu tun ist und wie denn dieses Ziel, die Verherrlichung Christi in unserem Leben, im einzelnen geschehen darf. Hier herrscht keine kleinkarierte, kleinliche Kasuistik vor, die für jedes Detail genau vorschreibt, was denn im einzelnen zu geschehen habe, was Gottes Wille sei und was nicht. Nein, Paulus spricht als Grundsatz aus: Alles ist erlaubt, aber nicht alles nützt dem Reich Gottes; alles ist erlaubt, aber nicht alles bringt die Baustelle voran. Überlegt selbst, was wichtig ist! Es ist in diesem Zusammenhang sehr bezeichnend, daß ja auch die *Zehn Gebote* nicht jeden Lebensbereich im Detail regeln wollen, sondern sozusagen Grenzpfähle darstellen, einen Bereich des Lebens markieren, innerhalb dessen wir uns selbst verantwortlich und frei orientieren.

Es gibt eine herrliche Stelle im Brief an die Gemeinde in Kolossae. In ihr macht sich Paulus geradezu lustig über die, die alles zu genau wissen wollen: »Wenn ihr mit Christus den Elementen der Welt (gemeint sind die Mächte dieser Welt) gestorben seid, was unterwerft ihr euch Satzungen, Reglementierungen, als lebtet ihr noch in der Welt? Berühre nicht, koste nicht, betaste nicht! (Dinge, die alle zur Zerstörung durch den Gebrauch bestimmt sind) nach den Geboten und Lehren von Menschen, die (zwar) einen Schein von Weisheit haben in eigenwilligem Gottesdienst und in Demut und im Nichtverschonen des Leibes, also nicht in einer gewissen Wertschätzung (die dem Leib eigentlich gebühren würde), (sondern) zur Befriedigung des Fleisches« (Kol 2,20–23).

Wieder hören wir zunächst das Wort vom Kreuz: Paulus lenkt den Blick der durch gesetzliche Menschen bedrängten Kolosser auf den Gekreuzigten: Ihr habt ihn nicht verstanden, das Kreuz nicht verstanden, wenn ihr euch neu versklaven laßt: Berühre nicht, koste nicht, betaste nicht! So zitiert Paulus, und wir hören Frau Flushpool!

Das scheint, wie auch Paulus zugibt, demütig zu sein; es ist aber, wie er interessanterweise bemerkt, gerade ein Kennzeichen derer, die noch in der Welt, gemeint ist: im Herrschaftsbereich, unter den Zwängen dieser vergehenden Welt, leben. Wer so lebt, ist noch nicht recht frei geworden. »Was unterwerft ihr euch solchen Satzungen, als lebtet ihr noch in der Welt?« (2,20).

e) Schließlich und letztlich möchte ich noch ein Kriterium nennen, das mir in der Seelsorge sehr wichtig geworden ist. Was kann und was darf ich tun? Was ist gut und was ist schlecht? Paulus nennt als hilfreichen Maßstab: »Alles Geschaffene ist gut und nicht verwerflich, wenn es mit Danksagung genommen wird; denn es wird geheiligt durch Gottes Wort und Gebet« (1. Tim 4,4–5).

Das ist dieselbe Grundaussage: Alles ist erlaubt; alles ist euer; ihr dürft alles tun, wenn ihr dafür danken könnt, Gott Dank sagen könnt dafür. Diese gefallene Welt wird über der Danksagung geheiligt, wird wenigstens in Bruchstücken zu dem, was sie nach Gottes Bestimmung sein sollte: zur Freude und Hilfe, zum Glück und zur Erfüllung dessen, der Dank sagt. Indem wir sie so hineinstellen in die Beziehung zwischen Gott und uns, heiligen wir sie, retten wir etwas heraus aus einer Welt, die als solche ihrem Verderben, ihrem Verfall entgegengeht (1. Kor 7,31). Indem wir Gott für etwas danken, nehmen wir es hinein in diese von Christus geheiligte Wirklichkeit Gottes, »heiligen wir es«.

Ich möchte Ihnen Mut machen zur persönlichen Nagelprobe: Wofür können Sie in Ihrem Leben Gott danken, und was tun bzw. haben Sie nur mit einem schlechten Gewissen? So ein gebrochenes Verhältnis ist nicht gut. Es käme dann darauf an, eindeutig zu werden und entweder ein gutes Gewissen zu haben und zu verzichten oder aber sich zum Dank und Lob durchzuringen und etwas als gute Gabe Gottes bewußt aus seiner Hand zu nehmen.

Das »wenn es mit Danksagung genommen wird«, die Bedingung, die darin steckt, setzt uns auf eine wichtige Fährte. Es gibt ja eine ganze Reihe von Bibelstellen, die dem total zu widersprechen scheinen, was wir gerade im Anschluß an Paulus ausgeführt haben. Ich nenne kurz einige Beispiele:

– In 1. Korinther 2,12 heißt es: »Wir haben nicht den Geist dieser Welt empfangen«. Ist damit nicht alles ausgeschlossen, was der Geist der Welt ist, worin der Geist dieser Welt sitzt: Kino, Theater, Fernsehen, Video, Tanzen etc.? Paulus fährt freilich fort: ». . . sondern den Geist, der aus Gott ist, damit wir die Dinge kennen, die uns von Gott geschenkt sind.« Das wissen wir aber zum Glück nun, daß nichts von dem eben Genannten verwerflich ist, wenn wir dafür Gott von Herzen danken können, wenn wir es – wie Paulus hier sagt – als *Geschenk* aus seiner Hand nehmen können.

Offenbar kommt alles darauf an, wie wir uns zu einer Sache stellen, ob wir sie in unser Glaubensleben hineinnehmen können oder nicht.

– Galater 6,14 fordert uns nun auf – ebenfalls ein oft zitiertes Wort, das das Leben zu verneinen scheint –, »der Welt gekreuzigt« zu sein. Wichtig ist freilich der Zusammenhang, in dem dieses Wort steht: »Mir aber sei es ferne, mich zu rühmen als nur des Kreuzes unseres Herrn Jesus Christus, durch das mir die Welt gekreuzigt ist und ich der Welt. Denn weder Beschneidung noch Verschnittensein gilt etwas, sondern eine neue Schöpfung« (6,14 f.).

Da ist es wieder: das Wort vom Kreuz. Paulus ist der Welt gekreuzigt, d. h. sie hat keine Herrschaftsansprüche mehr an ihn; ihre Normen und Werte haben für ihn keine Bedeutung mehr. Diese Welt und ihre Elemente und d. h. ihre Mächte, ihre Regelungen haben für Paulus keine Bedeutung mehr: Diese Welt ist ihm gekreuzigt. An was er denkt, macht die Rede von der Beschneidung deutlich. Da gab es Leute, die meinten, auch als Christ müsse man sich beschneiden lassen, um Gott zu gefallen und gerettet zu werden. Entgegen dieser wie allen anderen frommen Reglementierungen sagt Paulus: All das ist doch aufgehoben durch das neue Leben, die neue Schöpfung, die Christus durch seinen stellvertretenden Tod erwirkt hat.

– Daß wir, wie es in Kolosser 2,20 heißt, den Elementen dieser Welt gestorben sind, meint eben nicht die Unterwerfung unter neue Reglementierungen (»Das darfst du als Christ nicht tun, und nur jenes ist gestattet«). Er meint im Gegenteil: Weil wir mit Christus den Elementen, den Mächten, den Ansprüchen, Zwängen dieser Welt gestorben sind, werden wir »den Teufel tun« und uns nun neuen Satzungen, Regelungen, Reglementierungen, frommen Gängelungen unterwerfen, als lebten wir noch in dieser geknechteten und knechtenden Welt.

In Jakobus 4,4 heißt es: »Ihr Ehebrecherinnen, wißt ihr nicht, daß die Freundschaft der Welt (zur Welt, mit der Welt) Feindschaft gegen Gott ist? Wer nun ein Freund der Welt sein will, erweist sich als Feind Gottes.«
Auch in diesem Fall lohnt es sich, den Zusammenhang anzuschauen. »Woher kommen Kriege und woher Streitigkeiten unter euch? Nicht daher: Aus euren Lüsten, die in euren Gliedern streiten? Ihr begehrt und

habt nichts; ihr tötet und neidet und könnt nichts erlangen; ihr streitet und führt Krieg. Ihr habt nichts, weil ihr nicht bittet; ihr bittet und empfangt nichts, weil ihr übel bittet, um es in euren Lüsten zu vergeuden.« Mit »Lust« und »Lüsten« ist nicht primär, nicht in erster Linie die Sexualität gemeint. Auch diese ist im Gegenteil nicht verwerflich, wenn sie als Geschenk Gottes genommen und eingegliedert wird in die Herrschaft Christi über unser Leben. Mit »Lust« ist vielmehr sehr viel grundsätzlicher an ein Verfallen-Sein des Menschen an bestimmte Ziele, Vorstellungen, Wünsche einer Welt gedacht, die im Aufstand gegen Gott lebt und deren Zielvorgaben und Normen nicht die Ordnungen Gottes sind. Die vielzitierte »Gesinnung des Fleisches« ist wiederum nicht primär als sexuelle Größe zu verstehen, sondern als eine Hörigkeit, Bindung durch Mächte oder Zielvorgaben, Normen oder Wünsche, die im Gegensatz zu Gottes Willen stehen. Was die »Lust des Fleisches« und die »Gesinnung des Fleisches« ist, sagt Paulus ganz klar in Römer 8,7: Nicht der Blick auf eine schöne Frau oder einen anziehenden Mann, die Freude und Lust an einem auch äußerlich attraktiven Menschen, – die Gesinnung, das Ziel, die Lust des Fleisches ist vielmehr definiert als »Feindschaft wider Gott«. Paulus zielt viel tiefer, und er trifft viel präziser als selbstberufene Moralapostel und Tugendwächter, die einen Katalog des Sündigen und Weltlichen präsentieren, den es zu meiden gilt, wenn man gut sein will.

Niemand ist gut als Gott allein, so sagt uns Jesus selbst (Mt 19,17), und alle gute Gabe, die wir aus seiner Hand nehmen, kommt von Gott, so sagt uns der Jakobusbrief (1,17). Denn Gott ist der Geber aller guten Gaben. Nicht einige wenige, nicht eine mehr oder weniger große Auswahl von Dingen und Verhaltensweisen oder gar Menschen gilt es zu meiden, weil sie böse sind. Paulus denkt viel radikaler. Er weiß vom Kreuz her: Die ganze Welt liegt im Bösen (vgl. 1. Joh 5,14). Alles, was ihr zugehört, ist grundsätzlich böse, nicht, weil es moralisch schlecht wäre, sondern weil es von vornherein auf der falschen Seite steht; weil alles korrumpiert ist durch die Herrschaft des Fürsten dieser Welt. Wer sich den Zielen und Maximen, den Wertvorstellungen und Weltanschauungen dieser vergehenden Welt unterwirft, der ist Teil einer Welt, die sich grundsätzlich auf der falschen Bahn befindet. Wenn Paulus sagt: »Die Gesinnung des Fleisches (»Fleisch« als Ausdruck für den hinfälligen, sterblichen, schwachen Menschen) ist Feindschaft wider Gott«, dann bringt er nur auf einen, freilich anstößigen Punkt, was Jakobus von der Freundschaft mit dieser Welt meint: Loyalität, Verbundenheit mit ihren Zielen.

Es macht die Sache nicht einfacher, ist vielmehr ein Appell an unsere Verantwortlichkeit als freie Partner Gottes, daß wir »Welt« nicht einfach ausgrenzen können; daß wir nicht einfach sagen können: Das ist Welt und das nicht. Rauchen darf ein Christ nicht, aber Alkohol trinken. Oder umgekehrt. Oder keines von beiden – oder beides, aber keinen Kaffee etc. All diese Anschauungen habe ich kennengelernt. Eine solche von vielen Christen geforderte »seperation from evil« ist nach des Paulus eigenen Worten auch gar nicht möglich: ». . . sonst müßtet ihr ja aus der Welt hinausgehen«, schreibt er mit befreiender Nüchternheit (1. Kor 5,10).

»Liebt nicht die Welt, noch was in der Welt ist« (1. Joh 2,15) – das kann nicht meinen: räumliche Trennung, Fernbleiben, sich ausgrenzen, einen Katalog aufstellen dessen, was die Welt ist, und den dann abhaken. Denn das wäre nicht Welt – und wir können aus dieser Welt nicht heraus. »Liebt nicht die Welt« – das ist das »frui«, das Genießen, von dem Augustin spricht, das einem Geschöpf »der Welt« als »Gott«, als letztem Ziel verfällt. Eine solche tiefe, letzte Hinwendung gebührt nur dem lebendigen Gott. Wer diese einem kreatürlichen Sachverhalt oder Gegenstand entgegenbringt, nimmt Gott die ihm allein gebührende Ehre und tritt ein in die Feindschaft gegen Gott.

Nicht eine Trennung von einzelnem Bösen ist gemeint; denn alles ist ja böse in dieser im Bösen liegenden Welt. Umgekehrt kann alles, wenn es mir als Geschenk Gottes begegnet, gute Gabe Gottes sein, die nicht verwerflich ist: Sex, Ehe, Partnerschaft, Auto, Haus, Familie, Beruf, selbst die Kinder, ja sogar die Kirchengemeinde. Was gemeint ist, zeigt uns wieder der gekreuzigte Herr. Dem Pilatus antwortet er im Verhör mit dem denkwürdigen Satz: »Mein Reich ist nicht von dieser Welt« (Joh 18,36). »Meine Herrschaft ist nicht von dieser Welt« – das heißt nicht: Sie ist in einer anderen Welt zu lokalisieren, sondern vielmehr: Sie ist nicht von der Art dieser Welt. »Mein Reich ist nicht von dieser Welt« ist keine lokale, sondern eine qualitative Aussage.

Sein Reich, das er baut, ist von nichts anderem getragen als von dem Willen, die Herrschaft und die Ehre Gottes wieder herzustellen, oder in den Worten des Paulus: »Alles ist euer, ihr aber seid Christi, Christus aber ist Gottes.« Alles kommt darauf an, daß das, womit wir umgehen, in den Sog dieses Gefälles kommt; daß wir alles, was wir haben, und auch alles, was wir sind – auch in den Rollen und Beziehungen, in denen wir uns bewegen –, unter die Herrschaft Christi bringen. Dann und nur dann aber kann vieles, was krank gewesen ist, gesund werden, kann das, was unser Leben beeinträchtigt hat, neue Lebensqualität schenken. Dann kann manches, was Mist war, nicht unter der Hand, aber in der Beziehung zum lebendigen Gott, zu geläutertem Gold werden.

Für mich ist es faszinierend, aber auch ein wenig bedrängend, welche Freiheit uns Gott als seinen Ebenbildern zumutet: Weder ist alles pauschal nur schlecht, noch alles pauschal harmlos. Die Bibel denkt nicht in solchen Kategorien. Sie denkt in Beziehungen. Es kommt alles darauf an, in welchem Beziehungsgeflecht etwas steht, wem etwas letztlich dient. Damit wird uns aber trotz der negativen Weltsicht ein ungeheurer Welthorizont aufgeschlossen. Gott mutet uns zu, fordert uns geradezu dazu auf, möglichst viel aus dieser Welt, von der alten, seufzenden Schöpfung zurückzugewinnen und unter seine Herrschaft zu bringen. So dürfen wir Teilhaber der neuen Schöpfung werden, selbst solche sein, die aus alt neu machen, aus Vergehendem Bleibendes schaffen, indem wir es aus Gottes guter Hand mit Dank und Freude entgegennehmen.

2. Wie erkenne ich den Willen Gottes?

Damit bin ich schon bei einer zweiten Frage, die viele Christen immer erneut unter den Nägeln brennt: Wie erkenne ich den Willen Gottes, den Willen Gottes für mein Leben? Manche Menschen, auch Christen, werden bezweifeln, ob man so konkrete Aussagen überhaupt machen kann. Und wenn man sieht oder selbst miterlebt hat, wie leichtfertig oft von »Führungen« Gottes im eigenen Leben gesprochen wird, wie oft

Christen ihren eigenen, manchmal dickköpfigen oder uneinsichtigen, auch ihren egoistischen oder festgefahrenen Standpunkt mit einer Berufung auf den Willen Gottes zu begründen suchen, dann können einem in der Tat Zweifel kommen. Dann wird zumindest die Frage brennend, wie ein solcher Mißbrauch, der ja faktisch einer Gotteslästerung nahekommt, zu vermeiden ist. Nüchternheit, biblische Nüchternheit ist angebracht. Gerade die Bibel zeigt uns freilich sehr deutlich, wie Gott das Leben von Menschen konkret in seine Hand nimmt; wie er sie führt, freilich ohne daß sie das immer schon merken oder vielleicht erst später einsehen (z. B. Josef im Alten Testament). Gerade die Bibel macht uns Mut, vom Menschenleben nicht nur als einem Tropfen im Ozean – oft müßte man besser von einer Träne im Ozean der Zeit – zu sprechen. Gerade die Bibel berichtet von Menschen, die auf ihrem Lebensweg zu Originalen, zu Handarbeit Gottes geworden sind.

Wenn wir fragen: Wie erkenne ich den Willen Gottes? dann ist zunächst einmal das kurz in Erinnerung zu rufen, was wir zur Frage christlichen Lebensstils schon an Kriterien genannt haben:

a) Die Zehn Gebote sind der selbstverständliche Rahmen alles dessen, was überhaupt nur Wille Gottes in unserem Leben sein kann. Ganz gleich, was wir an Offenbarungen und Fingerzeigen bekommen zu haben meinen, eine Erlaubnis Gottes zum Ehebruch beispielsweise kann nicht darunter gewesen sein.

Der Dekalog steckt freilich nur den Rahmen ab. Wir nannten es schon als besonderes Merkmal christlicher Ethik, daß Gott uns in die Freiheit stellt. Innerhalb dieser befreiten Zone, in diesem weiten Land gibt es dann noch weitere Wegweiser, auf die wir achten müssen.

b) Für was kann ich danken? Welche Entscheidung führt zum Lob Gottes? Welche würde mir den Mund verschließen?

c) Welche dient dem Aufbau seines Reiches, welche behindert ihn?

Hier ist nun einem Mißverständnis vorzubeugen, das einem immer wieder begegnet. Viele meinen: Reich Gottes – das ist in erster Linie Mission, in zweiter Linie vielleicht Bibelschule und Theologiestudium mit anschließender hauptamtlicher Tätigkeit als Pfarrer, Diakon etc. Und alles andere ist zwar nicht gegen Gottes Willen, aber doch nicht wichtig für das Reich Gottes – oder?

Es gehört wohl dazu, daß ein Kind, das zum christlichen Glauben hingeführt wird, auch einmal davon träumt, nicht nur Feuerwehrmann oder Arzt, Krankenschwester oder Ärztin zu werden, sondern als Missionar tätig zu sein. In einem bestimmten Alter sind junge Menschen ja ganz besonders ansprechbar auf das Thema »volle Hingabe«, Christus ganz und gar zu dienen. Wenn aber, wie ich es selbst erlebt habe, ein lieber, netter junger Mann einerseits gegenüber allen »bürgerlichen« Anforderungen versagt, sich andererseits »ganz sicher« dahin geführt weiß, eine Bibelschule zu besuchen und hernach hauptamtlich in den »Dienst des Herrn« zu gehen (wie es so schön heißt), dann ist das nicht nur ein durchsichtiges und leicht erkennbares Ausweichmanöver, dann ist das vielmehr auch ein gefährlicher Selbstbetrug und Irrweg. (Ich darf hier so offen reden, weil ich *nie und nimmer* Pfarrer werden wollte und meiner Frau anfangs sogar versprechen mußte, weder den Beruf eines Pfarrers noch eines Predigers auszuüben. Wer uns kennt, weiß, wie dann *gegen unseren Willen* alles doch ganz anders kam, – ein Kapitel für sich und ein Beleg dafür, daß wir zumindest bei einigen Weichenstellungen in unserem Leben nicht »eigenmächtig« gehandelt haben.)

Ich habe diese Begebenheit von dem jungen Mann erwähnt, weil ich an seinem Verhalten zeigen kann, was mir wichtig ist: ein Mißverständnis dessen, was »Dienst des Herrn« oder weniger pietistisch: Leben im Reich Gottes, unter der Herrschaft Christi, heißt. Paulus sagt in 1. Korinther 7,24: »Worin jeder berufen worden ist, Brüder, darin soll er vor Gott bleiben.« Reich Gottes ist nicht nur da, wo ich eine Indianersprache übersetze und im Busch lebe; Reich Gottes ist genauso da, wo ich dem Kleinen fünfmal am Tag die Windeln wechsle und dem Großen bei den Hausaufgaben helfe. Reich Gottes ist da, wo mich Gott hingestellt, hineingestellt hat; Reich Gottes ist da, wo ich eine Aufgabe »vor Gott« – wie Paulus sagt – wahrnehme. Reich Gottes ist da, wo Christen sich in den Alltag dieser Welt hineinbegeben und diesen vor Gott und mit Gottes Hilfe zu bewältigen suchen. Reich Gottes ist da, wo ich den Teil der Welt, der Gesellschaft, des Lebens, den ich ausmache, unter die Herrschaft Gottes bringe, seinem Willen ausliefere. Missionar und Prediger bin ich auch da, wo ich in aller Schwachheit, mit allem Gelingen wie mit allen Niederlagen, ohne etwas zu vertuschen, mit Menschen zusammenlebe, die Christus nicht kennen; wo dann etwas von dem deutlich werden kann, was das heißt: »Laß dir an meiner Gnade genügen; denn meine Kraft wird in Schwachheit vollbracht« (2. Kor 12,9).

Was ist der Wille Gottes? Das Leben als Christ im

Alltag der Welt, in Familie und Beruf, in Nachbarschaft und Partnerschaft, im Umgang mit Mangel und Überfluß, Krankheit und Gesundheit, Zeit und Geld. Was ist der Wille Gottes? Das »Bleiben vor ihm« – gerade und zunächst dort, wo wir nun einmal stehen und unsere Aufgabe haben.

d) Ich nenne ein weiteres Kriterium, das so profan ist, daß ich es kaum auszusprechen wage. Aber immerhin hat ein großer Gottesmann den Satz geprägt: »Der Heilige Geist ist ein Freund des gesunden Menschenverstandes.« Dieses Wort von Spurgeon gilt ganz besonders im Hinblick auf die uns beschäftigende Frage. Wer nicht weiß, welchen Schulzweig der eigene Sprößling in der Schule einschlagen soll, der braucht kein Vließ auszulegen (Richter 6,37 ff.), sondern spricht am besten mit dem Lehrer über die Begabungen seines Kindes und entscheidet nach dem, was vor Augen ist. Wer vor der Frage steht, ob er ein Haus bauen oder kaufen soll, der braucht kein Bibelstudium zu veranstalten, der gehe vielmehr, wie schon Jesus empfahl, zuvor hin und überschlage die Kosten und überlege, ob er es habe hinauszuführen (Lk 14,28). Wer nicht weiß, ob ein Urlaub Gottes Wille ist, befrage nicht die Losung des Tages, sondern nehme sich Zeit zum Gespräch mit seiner Frau über die Bedürfnisse seiner Familie, den nervlichen Zustand von Papa und die Höhe des Bankkontos.

Der schon von mir zitierte A. Plass berichtet in seinem Tagebuch auch von einem jedes Jahr im Frühjahr in einem Regengebiet Englands veranstalteten christlichen Zeltlager. Als wieder einmal die Zelte im Morast versinken und die Bewohner des Nachts im Schlaf fast zu ertrinken drohen, taucht bei vielen Teilnehmern die bange Frage auf, ob Gott diese Veranstaltung überhaupt wolle. Der Tagebuchschreiber wird »Zeuge eines Gespräches zwischen zwei Campern. Der eine sagt, Gott wolle uns durch das schlechte Wetter und den Einsturz der Zelte mitteilen, daß solche Großveranstaltungen falsch sind. Der andere hingegen behauptete, Gott wolle dadurch unsere Ausdauer bei einer Sache auf die Probe stellen, die zweifelsohne richtig ist. Der alte Bursche aus dem Ort, der hinter der Theke stand, unterbrach sie und sagte, daß es zu dieser Jahreszeit hier unten immer ›verdammt verregnet‹ ist und daß er nicht versteht, warum man ›das hier trotzdem immer wieder macht‹.«[2]

Der Heilige Geist ist ein Freund des gesunden Menschenverstandes. So einfach ist die Sache oft und in aller Regel. Freilich verstellen uns unsere Wünsche und Interessen manchmal diesen ungetrübten Blick auf das, was vor Augen liegt. Viele Christen haben mit Recht Angst, in einer Konfliktsituation zu entscheiden, in der es auch um ihre Interessen geht.

Hier wie auch in den übrigen Zweifelsfällen hat sich in meiner Erfahrung ein dreifaches Verfahren bewährt:

a) Grundsätzlich gilt es, den eigenen Verstand und das eigene Gewissen zu schärfen durch die stetige Konfrontation mit den *Normen Gottes*. Notwendig ist eine Erneuerung, Umgestaltung unseres Verstandes (Röm 12,2). Wir erreichen sie am ehesten, indem wir biblisch denken lernen und d. h. ganz einfach, uns regelmäßig der *Bibellektüre* widmen. Womit wir umgehen, das prägt uns. So fällt es uns immer leichter, der »Gesinnung des Fleisches« zu widerstehen, und uns den Willen Gottes auch in Zweifelsfällen zu vergegenwärtigen – etwa auch dann, wenn er einmal gegen unsere vitalen Interessen stehen sollte.

b) Das Zweite ist das *Stillewerden im Gebet*. Dazu braucht es Zeit und einige Übung. Ich habe zwar noch keine Stimme gehört, die mir etwas eingeflüstert hätte. Ich wäre zunächst auch sehr skeptisch, wenn mir jemand so etwas berichten würde. Aber es ist doch so, daß sich in dieser Sammlung vor Gott die Dinge sortieren und die Fragen klären können, wenn auch nicht müssen. Wer sensibel ist oder es im geistlichen Leben geworden ist, wird hier zumindest merken, wo sich bei ihm Widerstand meldet. Wie oft sitzt dann an der entsprechenden Stelle der springende Punkt!

c) Das Dritte, was ich genauso empfehlen kann, ist das Gespräch mit Menschen, mit *Christen, zu denen man Vertrauen hat*. Es sollten solche sein, denen man ein eigenständiges Urteil zutraut. Wenn man fürchten muß, daß sie schönreden oder einem nach dem Munde reden, betrügt man sich selbst. Oft klärt sich schon dann Entscheidendes, wenn ich einem anderen, der zuhören kann, die Dinge einmal auseinanderlegen, ausbreiten kann. Oft ist es dann gar nicht mehr nötig, daß der andere seine Meinung sagt. Oft ist es freilich auch sehr hilfreich, wenn man von mehreren Personen unabhängig voneinander Wegweisungen erhält, die in dieselbe Richtung weisen, Ratschläge erhält, die sich in der Sache decken. Wenn man dann über diesen Worten auch innerlich froh werden kann und ein Ja bekommt, dann darf man ziemlich sicher sein, in dieser Frage auf dem richtigen Weg zu sein.

Grundsätzlich gilt, daß Gottes Wort, seine mir über die Bibel, durch Christen oder im Gewissen aufleuchtende Weisung immer nur *meines Fußes Leuchte* ist (Ps 119,105), – also einen Schein wirft, der nicht den Weg bis ans Ende zeigt, sondern nur die nächsten Tritte sicher tun läßt.

Grundsätzlich gilt, daß der Wille Gottes zuweilen wenig spektakulär ist – trotz aller Stories, die wir darüber bei anderen Menschen lesen; daß der Wille Gottes erstaunlich klar ist, wenn wir die Lebensmitte bedenken, die uns gemäß seinem Willen Richtpunkt ist; wenn wir unsere Mittel und Möglichkeiten bedenken und uns an dem orientieren, was uns die Bibel in Dekalog und Bergpredigt als deutliche Grundorientierung vermittelt.

Freilich, wie oft ist die myteriöse Suche nach dem Willen Gottes nur ein Ausweichen vor dem offenbaren Willen Gottes! Bibelstellen (»Däumeln«), die isolierte (!) Lektüre von Losung und Lehrtext und andere Praktiken werden für *manche* Christen – ich sage jetzt ein böses Wort – zu einer Art Horoskopersatz, wo doch nur eins gefordert wäre: ohne jedes Wenn und Aber das wahrzunehmen, was der Wille Gottes ist und als freie, verantwortliche, aber natürlich auch irrende und Fehler machende, weil endliche Wesen, die wir als Menschen nun einmal sind und als Christen bleiben, Gott zu dienen im Alltag der Welt.

Ich komme zum letzten, für manche Christen vielleicht wichtigsten Punkt:

3. »Kämpfe den guten Kampf des Glaubens!«

»Kämpfe den guten Kampf des Glaubens!« fordert Paulus seinen jungen Mitstreiter Timotheus auf (1. Tim 6,12). Glaube ist Kampf, und Kampf bedeutet Streß. Christsein ist alltäglicher Kampf, nicht überfliegender Sieg. Christsein ist nahezu permanente, immer neue Anstrengung, nicht andauernder Höhenflug. Christsein ist nicht permanenter Triumph; es kennt wie jeder Kampf auch Niederlagen.

Es gibt – heute mehr denn je – eine weit verbreitete Meinung, für Christen sei das Leben leichter; es müßte zumindest leichter sein. Denn mit der Lebensübergabe an Jesus Christus müßten sich die Probleme ja lösen, die uns bisher beschäftigt haben. Jesus löst alle Probleme. Als Christ kenne ich – im Prinzip – keine Angst mehr. Ist Jesus nicht immer bei mir? Als Christ kenne ich – im Prinzip – keine Traurigkeit mehr. Ist Jesus nicht meine Freude? Als Christ – auch das wird heute immer häufiger vertreten – muß ich eigentlich auch nicht krank sein. Ist Jesus nicht mein Arzt? Bin ich nicht Teil der neuen Schöpfung? Steht mir nicht seine Auferstehungskraft zur Verfügung? Wenn ich krank bin, liegt das nicht allein daran, daß ich diese Auferstehungskraft nicht in Anspruch nehme, also nicht oder nicht genug glaube? Wenn ich im Streß bin, liegt das dann nicht daran, daß noch nicht er meine Ruhe geworden ist, meine Beziehung zu ihm, mein Glaube an ihn noch nicht tief, fest genug ist? Wenn ich traurig, depressiv bin, liegt das nicht daran, daß er in meinem Leben noch nicht alles ist, mein Glaube noch zu klein ist?

Wie oft höre ich gerade von verzagenden Christen den verzweifelten Satz: Ich will ja zufrieden sein! Ich bin ja glücklich! Mir geht es ja gut!

Das ist dann das Schreckliche: Es geht einem wirklich mies, es ist einfach alles zuviel, man hängt durch und kann nicht mehr – und der Glaube bedeutet dann eben nicht Trost, Ruhe, sondern nur neuen Streß. Wenn andere oder ich mir selbst sage: »Das liegt allein daran, daß dein Christsein nicht o. k. ist. Du glaubst nicht richtig«, ist das Maß dann voll. Das kann dann der gefährliche Tropfen sein, der das Faß überlaufen läßt. In aller Klarheit: Ein solcher Glaube kann krank machen, ein Leben zerstören.

Tatsache ist:

– Auch Christen leben noch in dieser Welt, sind ihren Anforderungen genauso, wenn nicht noch mehr ausgesetzt als andere Menschen auch. Sie haben kein besseres Nervenkostüm, keinen besseren Schlaf und keine höhere Intelligenz als andere Menschen auch.

– Auch Christen erkranken und sterben an Krebs. Auch Christen leben in Kontexten, die ungut und gefährlich, stressig und gesundheitsgefährdend sind.

– Auch Christen haben Depressionen und Ängste, sind geplagt von depressiven Erkrankungen und nervösen Störungen. Auch Christen haben eine ganz natürliche Angst vor dem Sterben.

– Auch Christen verlieren Vater und Mutter, Ehepartner und Kinder, und sie fühlen sich dann genauso schrecklich wie andere Menschen auch, wie solche, die keine Hoffnung über den Tod hinaus haben.

– Auch Christen sind zuweilen ungetröstet und haben niemanden, dem sie das Herz ausschütten können. Auch Christen können einfach manchmal nicht mehr; auch Christen denken ab und zu an Selbstmord und fühlen sich um so schlimmer, weil sie sich ihre Lage nicht einmal eingestehen wollen oder können.

– Auch Christen sündigen.

Der langen Rede kurzer Sinn: Christen sind genau

solche Menschen wie andere auch. Wer etwas anderes behauptet, ist ein Traumtänzer, der aufpassen muß, daß er nicht vom dünnen Seil abstürzt, wenn er einmal nicht mehr anders kann, als aufzuwachen und zu erkennen, daß es sich bei ihm ganz genauso verhält.

Mit ihrem Christsein hat sich im Blick auf all diese Phänomene nichts, aber auch gar nichts geändert. Christen sind und bleiben »Sünder«, und das ist ja nicht in erster Linie moralisch zu verstehen: Sie stehen mit beiden Beinen auf einer Erde, die vergeht, deren Gestalt sich zersetzt, die sich auflöst und das Leben als Kampf vorprogrammiert.

Woher ich diese provokative Ansicht gewinne? Woher ich das Recht nehme, diese ernüchternde Aussage gegen Legionen christlicher Welt- und Lebensverbesserungsliteratur zu behaupten? Dieses Recht gibt mir das Wort vom Kreuz.

Alles kommt darauf an, daß wir begreifen, was dieses Kreuz, was die Erniedrigung Gottes, die mit Weihnachten beginnt, für unser Christsein wirklich bedeutet. In der renommierten Wochenzeitung »Die Zeit« stand an Weihnachten 1992 im Leitartikel zu lesen: »Dieses Jahr müssen uns die weihnachtlichen Worte besonders bitter in den Ohren klingen: ›Friede auf Erden und den Menschen ein Wohlgefallen‹. Es fällt uns schwerer als sonst, die brutalen Schlächtereien der Gegenwart aus unserem Gesichtskreis zu verdrängen. ... Statt der Weihnachtslegende müßten wir in diesen Tagen die Geschichte von Kain und Abel lesen ... Woher hatten wir den Glauben genommen, die Welt sei ... zum dauernden Frieden fähig?«[3] Der Verfasser des Artikels, Robert Leicht, bekommt wie viele andere das Weihnachtsevangelium »Friede auf Erden« mit dem faktischen Zustand dieser Welt nicht zusammen. Die Geschichte von der Mordtat von Kain und Abel scheint ihm unsere Wirklichkeit viel angemessener zu beschreiben als die – wie er bezeichnenderweise sagt – »Weihnachts*legende*«. Diese Weihnachtslegende ist doch nur ein Märchen – ein schöner, aber nicht in Erfüllung gegangener Traum.

Wer so denkt, der hat die Sprengkraft und die Dimension dieser Geschichte noch gar nicht begriffen. Mit der Geburt des Sohnes Gottes wandelt sich der Stall in Bethlehem ja nicht zum 4-Sterne-Hotel; Jesus wirft die Römer nicht aus dem Land, und seine Versöhnungstat bewirkt in der Tat keinen umfassenden »Frieden auf Erden«. Das Licht von Bethlehem verdrängt die Dunkelheit nicht einfach; es ist Licht *in* der Dunkelheit; es scheint in der Dunkelheit. Das ist das Evangelium, daß Gott nicht die Dunkelheit weggenommen hat, sondern daß er sie erhellt hat, *in ihr* bei uns sein will: bei uns, den Verzagten, Traurigen, Gestreßten, kaputten und kranken Menschen. Mit den wunderbaren und treffenden Worten von Jochen Kleppers Weihnachtslied ausgedrückt: »Gott will im Dunkel wohnen«, hier im Dunkel, d. h. bei uns, »und hat es doch erhellt«. Darum gilt:

»Noch manche Nacht wird fallen
auf Menschenleid und -schuld.
Doch wandert mit uns allen
der Stern der Gotteshuld.
Beglänzt von seinem Lichte
hält euch kein Dunkel mehr.
Von Gottes Angesichte
kam euch die Rettung her.«[4]

134

Mit anderen Worten: Christsein heißt nicht, aus dem Dunkel heraustreten. Christsein heißt, im Dunkel sein, – aber, und das ist in der Tat der springende Punkt: sich von seinem Lichte beglänzen zu lassen, darum von keinem Dunkel mehr *gefangen*nehmen lassen.

»Gott will im *Dunkel* wohnen«: Hier wird das Wort vom Kreuz ausgelegt, das Wort vom Kreuz, das inmitten dieser Dunkelheit steht, diese Dunkelheit wohl erst ganz offenbar macht, das trotzdem die doxa, die Herrlichkeit des Vaters im Sohne trägt. Hier wird dem auch unter Christen so verbreiteten Mißverständnis widersprochen und der schwärmerischen Auffassung gewehrt, wenn man Christ sei, habe man – im Prinzip jedenfalls – keine Probleme mehr. Das Gegenteil ist richtig. Ein Christ hat in der Regel mehr und größere Probleme als einer, der kein Christ ist. Er ist ja nicht nur ein Mensch wie alle anderen Menschen auch; hat also nicht nur mit den Fragen und Herausforderungen zu kämpfen, die den Alltag aller Menschen ausmachen. Er steht ja gerade als Christ noch vor besonderen Herausforderungen. Er teilt ja nicht die Weisheit dieser Welt; er lebt nicht nach ihren Maximen und den Leitvorstellungen der ihn umgebenden nachchristlichen Gesellschaft. Das führt in neue Konflikte hinein.

»Gott will im Dunkel wohnen«: Hier wird der Auffassung gewehrt, als könnten wir als Christen etwas anderes wissen als unser Dunkel, unsere Vergänglichkeit und unsere unzureichenden Kräfte, den Schmerz und die Trauer, die Not und den Tod, die jedes Leben bestimmen und irgendwann jedes Leben ausmachen.

»Gott will im Dunkel wohnen und hat es doch erhellt«: Hier wird das Wort vom Kreuz ausgelegt, weil es auf den hinweist, der dieses Dunkel unseres Lebens nicht beseitigt, aber ihm immer wieder seinen Glanz schenken, Helligkeit in es hineinfallen lassen will.

Wir haben ja gesehen, daß Christsein nicht heißt, um Besserung, Perfektion zu kämpfen. Christsein ist nicht Kampf gegen sich selbst, ist nicht Kasteiung, Askese. Es ist vielmehr und ausschließlich Kampf gegen die Mächte, die uns allein diese Dunkelheit zeigen wollen; die uns auf die Schattenseite fixieren wollen; die nicht zulassen wollen, daß wir uns dem Licht zuwenden. Dieser Kampf ist ein Kampf nicht gegen Fleisch und Blut, sondern gegen den Sog, den diese gefallene Welt auf uns ausübt, mit dem sie uns ihr gleichschalten will:
– ihren falschen Zielsetzungen und Normen
– ihrem falschen Optimismus
– ihrem Verfallensein an die Anbetung des Kreatürlichen
– oder aber eben auch ihrem verzweifelten Pessimismus und ihrer für sie, aber eben doch nicht für uns geltenden Perspektivlosigkeit.

Christsein ist ein oft täglicher Kampf darum, daß uns die Herrschaft Christi bewußt und wichtig wird; daß wir inmitten der Dunkelheit seine Wahrheit wahrnehmen und unsere Füße, unseren Lebensraum erleuchten, durchleuchten lassen.

Nichts wissen als Christus und ihn als gekreuzigt, das ist die große doppelte Zumutung:
– Diese Welt als Finsternis zu begreifen, als ein Dunkel, das auch das Kreuz nicht beseitigt hat, das vielmehr durch das Kreuz in seiner Undurchsichtigkeit und Perspektivlosigkeit, in seiner Schwäche identifizierbar, erkennbar geworden ist.
– Nichts wissen als Christus und ihn als gekreuzigt, das ist dann auf der anderen Seite die Zumutung, nicht

wie das Kaninchen durch die Schlange fixiert zu sein auf dieses Dunkel und seine Probleme, ja Sackgassen, sondern sich immer neu beglänzen zu lassen durch die in Jesus Christus erschienene Herrlichkeit Gottes, sich wärmen zu lassen von seiner Liebe, den eigenen Lebensraum ausleuchten und erleuchten zu lassen durch dieses nicht mehr zu verdunkelnde Licht. Das alles, damit wir Gott die Ehre geben und in unserer Dunkelheit nichts wissen als die Kraft des Gekreuzigten.

Am Schluß dieses Kapitels soll ein Wort des Paulus aus dem 2. Korintherbrief (4,7–11) stehen: »Wir haben aber diesen Schatz in irdenen Gefäßen, damit die überragende Größe der Kraft Gott zugehöre und nicht uns. In allem sind wir bedrängt, aber nicht erdrückt; keinen Ausweg sehend, aber nicht ohne Ausweg; verfolgt, aber nicht verlassen; niedergeworfen, aber nicht vernichtet; allezeit das Sterben Jesu am Leib umhertragend, damit auch das Leben Jesu an unserem Leibe offenbar werde. Denn ständig werden wir, die Lebenden, dem Tode überliefert um Jesu willen, damit auch das Leben Jesu an unserem sterblichen Fleisch offenbar werde.«

»Nicht in gewinnenden Worten, sondern im Beweis des Geistes und der Kraft« – das Wort vom Kreuz weitersagen

1. Die neue Aktualität missionarischer Verkündigung

Es sieht schlecht aus. Es steht schlecht um die Aussichten der Kirche. Wie allen anderen großen gesellschaftlichen Einrichtungen laufen auch ihr die Mitglieder davon.

Wie stabil ist die Kirche? So lautete der Titel einer Umfrage, die vor einigen Jahren von der Evang. Kirche in Auftrag gegeben wurde. Konnte man lange Zeit davon ausgehen, daß die Volkskirche stabil ist, so sind heute mehr denn je Zweifel angebracht. Allein 1991 kehrten 250 000 Menschen den evangelischen Kirchen den Rücken. 1992 sind es noch etwas mehr gewesen. 250 000, eine Viertel Million! Das sind immerhin 1 % der 25 Millionen protestantischer Kirchenmitglieder in der BRD. Für die Zukunft rechnet man mit ähnlich hohen Zahlen. Denn laut Umfragen tragen sich nach wie vor 10 % der Kirchenmitglieder mit Austrittsgedanken. Von den 2,5 Millionen, die das 1982 vorhatten, haben bis heute ca. 1 Million, also 40 % diesen Schritt vollzogen. Für die Zukunft ist damit zu rechnen, daß dieser Trend anhält und daß dann die Menschen, die schon heute keinen rechten Grund mehr sehen, in der Kirche zu bleiben, ebenfalls bei Gelegenheit austreten werden – etwa, um die nächste Steuererhöhung zu kompensieren.

Die Kirchenleitungen sind natürlich alarmiert. Man fragt sich, wie man dieser besorgniserregenden Entwicklung begegnen soll. Es muß ja etwas geschehen. Diesem Umstand haben wir es zu verdanken, daß heute Leute, von denen man das wirklich nicht erwartet hätte, auf einmal von der Notwendigkeit missionarischer Verkündigung sprechen; daß nun an vielen Orten auf einmal davon die Rede ist, wie wichtig es ist, den Glauben sprachfähig und argumentierend weitergeben zu können.

Ich freue mich über dieses Erwachen und dieses erneute Interesse an einem Thema, das lange Zeit nur als verstaubtes Sondergut einiger versprengter Pietisten sein Dasein fristen konnte. Ich traue aber – offen gestanden – den Motiven nicht. Es kommt in der gegenwärtigen Phase der Neubesinnung alles darauf an, daß wir uns von der Not der gegenwärtigen Situation nicht nur zu einigen Schönheitsreparaturen der Volkskirchen leiten und motivieren lassen; daß wir uns vielmehr viel grundsätzlicher zurückbesinnen auf den lange vergessenen *theo*logischen Grund missionarischer Verkündigung, auf den Missionsauftrag Jesu, und daß wir so zu einem Neuansatz von missionarischer Verkündigung und missionarischem Gemeindeaufbau finden, der nicht nur den äußerlichen Verfall stoppt, sondern der Kirche zu einer Erneuerung von ihrem Wesen, ihrem Herrn her hilft.

Im Bild gesprochen: Es kommt nicht nur darauf an, die Risse im Gemäuer zuzuspachteln; es muß ein neues Fundament her, oder besser: das alte muß für den gesamten Bau der Kirche wieder zurückgewonnen werden. Dieses tragfähige Fundament können wir nur finden, wenn wir – wie könnte es anders sein? – auch beim Thema missionarische Verkündigung fragen: Was heißt das, auch bei diesem Thema »nichts zu wissen als nur Jesus Christus und ihn als gekreuzigt«? Was hat das für Konsequenzen, daß den Glauben weitersagen in der Sache nur heißen kann: Das Wort vom Kreuz weitersagen?

– Was heißt das für das *Was*?, den Inhalt der Verkündigung?

– Was heißt das für das *Wem*?, also im Hinblick auf die Adressaten unseres christlichen Zeugnisses?

– Was bedeutet das für das *Wie*?, also im Hinblick auf die Art und Weise, wie wir den Glauben weitersagen?

– Was hat das für Konsequenzen für das *Wer*?, also hinsichtlich des Trägers, des Boten, des Zeugen des Evangeliums?

– Was hat das für Folgen für das *Wozu*? und *Warum*? der missionarischen Verkündigung? Was ist das Ziel unserer Verkündigung und was der eigentliche Grund? Hier ist ja hoffentlich mehr und anderes wichtig, als der steigenden Zahl von Kirchenaustritten zu begegnen.

– Was schließlich läßt sich am Wort vom Kreuz ablesen hinsichtlich des *Wo*? unseres Zeugnisses, also des Zusammenhangs, des Kontextes, in dem es geschieht? Es vollzieht sich ja nicht im luftleeren Raum.

Wir werden diese Fragen hier nicht umfassend und in ihrer ganzen Weite bedenken können. Wir dürfen aber immerhin wissen, daß wir sie da in ihrer ganzen Tiefe, in ihrem ganzen Gewicht in den Blick bekommen, wo wir unseren Ausgangspunkt nehmen beim Wort vom Kreuz, da also, wo wir nichts wissen wollen, uns von keiner anderen Instanz belehren, uns von keinem anderen Normen vorgeben lassen wollen als nur von Christus, dem Gekreuzigten.

2. *Was* ist der Inhalt missionarischer Verkündigung?

Der Inhalt unseres christlichen Zeugnisses ist allein das Wort vom Kreuz. Es ist in der Sache begründet, daß uns schon mulmig wird, wenn wir nur daran denken. Ja, interessiert denn das die Leute überhaupt? Geht das nicht völlig an ihren Fragen und Bedürfnissen vorbei?

Ohne es zu wollen, sind wir bei einem ersten, entscheidenden Merkmal dessen angelangt, was wir zu sagen, was wir weiterzusagen haben. Das Wort vom Kreuz ist in der Tat eine Zumutung. Es stellt eine Zumutung, ein Ärgernis dar, das freilich nicht abzuschwächen ist, das man nicht mit gewinnenden Worten schönreden und mit geschönten Formulierungen umschiffen könnte. Denn dieses Ärgernis, diese Zumutung ist ja in der Sache begründet, die zur Debatte steht. In diesem Wort vom Kreuz geht es ja einmal nicht mehr um das, was ich, was der Mensch, für wichtig, richtig, erstrebenswert hält; das Evangelium macht nicht den Menschen, das moderne Individuum und seine Bedürfnisse zum Maß aller Dinge. Das ist der Anstoß. Es redet vielmehr von Gott. Das ist der Skandal, ernsthaft und wirklich von Gott zu reden und zwar nicht als einer jenseitigen, belanglosen Größe, sondern als einer Macht, einer Person, die Ansprüche stellt und »Bedürfnisse« formuliert.

Im Grunde ist ja schon das ein Skandal, daß es so etwas wie »Gott« geben soll; so etwas wie eine wirklich übergeordnete Größe; daß es das geben soll, eine Wahrheit, die nicht nur individuell gilt; daß es das geben soll – eine Norm, einen Willen, der für alle verbindlich ist – und das inmitten einer Gesellschaft, in der sich doch jeder alles so zurechtlegen und im Prinzip machen kann, was er will, solange er nur niemandem juristisch einklagbar wehtut!

Das Evangelium fragt nicht, wie heute üblich: *Wie denkst du über Gott?* Es fragt auch nicht: *Wie denken Sie über Gott?* Es sagt uns vielmehr auf den Kopf zu: *So denkt Gott über dich!* Es fragt nicht: *Was sind deine Bedürfnisse? Sag sie mir, damit ich sie befriedigen kann und so für dich wichtig werde.* Es sagt uns vielmehr auf den Kopf zu: *Das ist das Bedürfnis Gottes! Und das ist wichtig! Und das ist das, was du tun mußt, damit du für ihn wichtig wirst und in Gemeinschaft mit ihm kommst.*

Es ist also zunächst die totale Umkehrung der heute gängigen Fragerichtung, die uns Schwierigkeiten macht. Aber Gott, Gott! paßt eben nicht in das Konsum-Geschehen: in das Verhältnis von Angebot und Nachfrage, von Produzieren und Konsumieren, Bedürfnissen und Bedürfnisbefriedigung, das unser gesellschaftliches Leben prägt und heute zu einem guten Teil auch unsere zwischenmenschlichen Beziehungen ausmacht. Wir denken z. B. an das heutige Bild von Ehe oder Partnerschaft: der Partner ist so lange akzeptabel, wie er meinen Vorstellungen und Idealen entspricht und meinen Selbstverwirklichungsansprüchen entgegenkommt. Wenn er oder sie das nicht mehr kann oder will, darf ich mich – gesellschaftlich erlaubt – von ihm bzw. ihr trennen.

a) Eine notwendige Zumutung

Viel hängt nun davon ab, daß wir hier gleich zu Beginn standhaft sind und uns nichts abmarkten lassen, nicht nur um Gottes, sondern eben auch um der Menschen willen. Es ist ja durchaus nicht so, als wenn die Fragen und Bedürfnisse, die Vorstellungen und Wünsche, die der Mensch hat, und die jeweiligen Antworten, die er

sich gibt, daß die andauernde Trieb- und Bedürfnisbefriedigung, die bei uns möglich ist, hier im Westen ein
Paradies auf Erden geschaffen hätten. Ganz das Gegenteil ist ja der Fall.

Das Evangelium ist darin, schon darin heilsam,
schon darin Evangelium, heilendes Wort, daß es unsere Fragen in Frage stellt; daß es unsere Bedürfnisse
und unsere Wünsche hinterfragt, von unseren Antworten ganz zu schweigen.

Das Evangelium ist schon darin Evangelium, daß es
den Menschen nicht sich selbst und dem immerwäh-
renden Kreisen um sich selbst überläßt, daß es dieses
ermüdende und erschöpfende, dieses schließlich de-
primierende und depressiv machende Kreisen um sich
selbst durch neues Fragen nach seinen Fragen und
nach seinen Bedürfnissen nicht noch verstärkt. Es ist
schon darin Evangelium, daß es einen Ton anschlägt,
ihm Halt! gebietet; daß es ihn aus einer Verkrümmung
auf sich selbst herausreißt, in der er läuft wie ein Ham-
ster in seiner Trettrommel, der sinnlos auf der Stelle
tritt und nicht vom Platz kommt, so schnell und ange-
strengt er seine Beinchen auch bewegen mag. Es ist
darin, schon darin Evangelium, daß es ihn in die Weite
hineinstellt, einen neuen Horizont eröffnet, indem es
ihn – *vor Gott stellt.* Was das heißt, das müssen wir
heute erst wieder begreifen. Erst der Gott, dem wir im
Evangelium begegnen, erst dieser Gekreuzigte, ermöglicht ja eine Diagnose, die uns die *richtigen* Fragen
stellen läßt. Erst das, was hier, jenseits der Trettrommel des im Diesseits und Materiellen gefangenen Menschen über den Menschen und seine Welt offenbar ist,
ermöglicht es ja erst, die wahren, die wirklichen Bedürfnisse des Menschen zu erkennen und anzuspre-
chen.

Mit anderen Worten: Erst wenn wir Gott begegnen,

143

erkennen wir, wie es wirklich um uns bestellt ist; was unsere Situation ist: unser Trettrommel-Leben; erst wenn wir seinem Horizont begegnen, erkennen wir die Enge unseres Horizontes, unsere Horizontverhaftetheit. Erst wenn wir Gott begegnen, ist es dann auch möglich, unsere wirklichen Bedürfnisse zu erkennen, das, was uns wirklich fehlt, das, was wir brauchen und – das, was uns wirklich hilft.

Das Evangelium ist hart. Die Begegnung mit diesem so harten Evangelium, mit dem Anspruch Gottes, Gott zu sein, ist schon darin heilsam, daß sie uns innehalten läßt, weil sie uns mit jemandem konfrontiert, der uns nicht nach dem Mund redet, sondern uns entgegentritt; der sich für uns interessiert, aber nicht einfach das tut, was wir wollen.

Eine solche Begegnung ist heilsam, aber natürlich verunsichert sie uns zunächst. Was soll und was kann es denn anderes geben als den »gewohnten Trott«? Und wie viele Menschen reagieren schon dann ablehnend, sauer, böse, wenn man ihnen das Gewohnte nehmen will, das, was sie kennen, ganz gleich, was es ist; was ihnen womöglich Mühe, Not bereitet, aber doch wenigstens bekannt ist? Schmerztherapeuten können ein Lied davon singen, wie sehr man sogar mit seinen Schmerzen »verheiratet« sein kann, wie wenig manche Menschen bereit sind, sich lösen, erlösen zu lassen, aus Angst vor dem Unsicheren, Ungewissen, das kommen mag. Schon hier ist deutlich: der Glaube ist nicht jedermanns Ding (2. Thess 3,2), und das Evangelium weiterzusagen, das ist nichts für Leute, die eines über alles lieben: Harmonie und nette Gesichter.

Das Evangelium konfrontiert den Menschen mit den Ansprüchen Gottes, mit dem Anspruch des Schöpfers auf sein Geschöpf, mit der Forderung Gottes nach Anerkennung durch den Menschen, nach

Ehrerbietung, ja, wagen wir es, selbst das zu sagen: nach Anbetung. Menschen verdienen keine Anbetung; aber es *gibt* einen Gott, und der verdient sie, verdient sie, so wahr *er* der Gekreuzigte ist.

Diese Ansprüche Gottes auf den Menschen streichen nun die Bedürfnisse des Menschen nicht einfach durch. Es geht im Evangelium nicht nur, wohl aber in erster Linie um Gottes Willen und – wenn ich so sagen darf – um Gottes Bedürfnisse. Aber gerade dieses »in erster Linie« kommt doch umgekehrt gerade dem Menschen zugute. Nur da, wo er sich neu ausrichten läßt, nur da, wo die Lauftrommel angehalten wird und er aus dem Drehen um sich selbst, das nicht weiterführt, herauskommt, nur da wird er sich seines Zustandes, seines Lauftrommeldaseins bewußt; nur da beginnt er, neue, andere Perspektiven zu entdecken. Erst da stellt er die richtigen Fragen, weil er ja erst jetzt erkennt, wie es um ihn bestellt ist.

Wenn wir begreifen, daß das Evangelium der große Einschnitt, der große Einbruch, die große Unterbrechung sein will und sein muß, um Evangelium, gute Nachricht, heilsames Wort zu sein, dann ist umgekehrt alles verloren, dann ist die Chance eines missionarischen Neuaufbruchs verpaßt, wenn auch wir, selbst wir als Zeugen der ganz anderen, der neuen, der heilsamen Perspektive, der Weite, – wenn auch wir nur nach den Bedürfnissen *innerhalb* der Trettrommel fragen; wenn auch wir nicht den Mut haben, das Trettrommeldasein *als solches* in Frage zu stellen.

Alles ist vertan, wenn auch die, die es eigentlich besser wissen müßten, sich nur karitativ verhalten, sich nur auf die Bedürfnisse des sich nur um sich selbst drehenden und auf sich selbst zurückgekrümmten Menschen einstellen und ihn in dieser falschen Bedürfnisstruktur noch unterstützen; wenn auch wir dem, der einen Bauchschuß hat und der natürlich Durst hat, das Wasser geben, nach dem er verlangt und ihn damit nur noch tiefer hineintreiben in seine Not; wenn auch wir dem, der süchtig ist, nicht zum *cold turkey* verhelfen, sondern aus falsch verstandenem Mitleid noch eine weitere Spritze setzen, die ihn doch nur weiter in den Teufelskreis seines Lebens hineintreibt.

Alles ist vertan, wenn auch wir, die wir etwas wissen von dem einen großen Einschnitt in dieser Welt, wenn auch wir so tun, als wenn nichts gewesen wäre; wenn auch wir nur die Wünsche befriedigen wollen, die diese letztlich doch so trostlose Trettrommelexistenz bestimmen, aber ebensosehr doch auch hervorrufen; wenn auch wir, die Kirche, diesen Bedürfnissen noch hinterherlaufen, statt sie in Frage zu stellen; wenn auch wir das Rad faktisch noch weiterdrehen, am Drehen halten, statt es anzuhalten; wenn selbst wir, die Christen, so tun, als gäbe es nichts anderes als diese Tretmühle ohne jede Perspektive.

»Wenn die Volkskirche überleben will, muß sie pluralistisch werden.«[1] Diese Auffassung vertrat vor kurzem noch ein Hannoveraner Oberkirchenrat bei einer Tagung zum Thema »Die Zukunft der Volkskirche«. Das ist genau der Irrweg, den ich meine. Volkskirche – so das gängige, versucherische Konzept – muß, um *Volks*kirche zu sein, um es wieder zu werden, die Orientierungen und Wünsche, die Lebenseinstellungen und Bedürfnisse der Menschen in unserer Gesellschaft widerspiegeln und natürlich auch befriedigen.

Es mag sein, daß Kirche so *Volks*kirche wird, zum Volk wird. Sicher ist, daß sie sich dabei in ihrem *Kirche*-Sein auflöst und, was noch schlimmer ist, daß sie den Menschen in seinem Leben in der Trettrommel nur bestärkt, statt diese anzuhalten; daß sie dadurch, daß sie lediglich zu ihm in die Trommel steigt und seinen Bedürfnissen und Wünschen zu entsprechen sucht, der verhängnisvollen Einschätzung noch Vorschub leistet: Diese Bedürfnisse seien auch die der Kirche, sie seien christlich, seien zumindest auch christlich, – wer wolle denn da ausgrenzen oder richten? Auch Christen hätten dem nichts entgegenzustellen. Auch sie würden nichts anderes kennen als diese Bedürfnisse und ihre Befriedigung. –

So zu reden wäre Verrat am Evangelium, Verrat an Gottes Gottheit und auch Verrat am Menschen!

Es gibt freilich nicht nur diesen liberalen Verrat am Evangelium, es gibt auch einen neupietistischen, evangelikalen und charismatischen Verrat am Evangelium. Auch in evangelikalen Kreisen wagt man es oft nicht, den Finger auf die eigentlich wunde Stelle zu legen. So ist die ungeheure Flut von Lebenshilfebüchern ja ebenfalls ein Spiegelbild unserer Angebots- und Bedürfnisbefriedigungsgesellschaft, in die hinein nun auch das Evangelium funktionalisiert, sagen wir es drastisch: »verwurstet wird«. *Komm zu Jesus, werde Christ, dann löst er deine Probleme.* Wie oft ist das nicht der Tenor? *Als Christ wird dein Leben schöner und besser, erfüllter und harmonischer,* – wie oft ist das nicht die – im Kern so nicht richtige, unbiblische – Ausrichtung am Menschen und seinen Bedürfnissen und Zielen? Wenn wir allein in diesem Leben auf Christen hoffen, dann sind wir die elendesten von allen Menschen (1. Kor 15,19). Sollte dieses Wort des Apostels Paulus uns nicht vorsichtiger werden lassen mit allen marktschreierischen Parolen? Gilt nicht gerade unserer und in unserer Zeit: Wir treiben keinen Handel mit dem Wort Gottes (2. Kor 3,17)!

Der Glaube als Bedürfnisbefriedigungsinstrument – das ist, wie der Franziskanerpater Richard Rohr einmal formuliert hat, ein »Cadillac-Glauben«. »Gott wird zum Wohlfühldoktor.«[2] Diese Indienststellung Gottes, die ihn zum Instrument der Erfüllung unserer Bedürfnisse macht, ist selbst da noch gegeben, wo das Evangelium lediglich der Rettung meiner Seele dient. »›Rette deine Seele!‹ rufen die ... Bekehrungsprediger. Wenn es nur um die Rettung unserer Seele geht, dann ist das eine fromme Form von Narzißmus (krankhaftes Drehen um sich selbst) und sonst nichts«[3]; dann haben wir nämlich noch gar nicht kapiert, worum es in diesem Wort vom Kreuz eigentlich geht: um Gottes Heiligkeit und des Menschen Sünde; um unsere abgrundtiefe Verlorenheit und Gottes keine Abgründe scheuende Liebe zu uns.

b) Eine notwendige Diagnose

Den Inhalt des Wortes vom Kreuz haben wir bereits bedacht.[4] Es genügt an dieser Stelle, das in Erinnerung zu rufen, was wir von Christus als dem Gekreuzigten her über Gott, den Menschen und diese Welt erfahren:

Es ist (1) die Botschaft von einem Gott, der ganz anders ist, als wir ihn uns denken und wünschen; der freilich unsere kühnsten Träume von Nähe und Geborgenheit noch überholt. Das Wort vom Kreuz zeigt uns den Gott, der nicht fern ist, sondern nah, ganz nah; dem wir nicht egal sind, dem vielmehr soviel an uns liegt, daß er den Weg in das Dunkel unserer Weltgeschichte nicht scheut; einen Gott, der nicht erhaben und unberührt über allem thront, der vielmehr fühlen, ja leiden kann. Das Kreuz zwingt uns die furchtbare, erschreckende Erkenntnis auf: Es ist ein Gott, der Gott (Joh 20,28); sagt Thomas zu Jesus, dem Gekreuzigten und Auferstandenen: »Mein Herr und mein Gott!«), der sogar sterben kann. Und das alles aus Liebe, um seinen Geschöpfen nahe zu sein und um sie herauszureißen und zu retten aus einer Welt, die radikal, unabänderlich im Abseits steht.

Es ist (2) eine Schöpfung, in der das möglich ist: daß das Geschöpf das Schöpfungswort an den Galgen bringt. Es ist ja diese Erde, in die das Kreuz des Sohnes Gottes gesenkt ist. Es ist eine Schöpfung, deren »Krone« ihre Herrschaft nicht aus Gottes Hand empfängt und ebenso nicht im Gegenüber zu ihm verantworten will; eine Krone, von der aufgeklärte und ebenso hellsichtige wie verzweifelte Zeitgenossen fordern, sie möge doch abtreten und sich zurückziehen, angesichts dessen, was sie sich und dieser Schöpfung angetan habe.

Es ist (3) ein Mensch – das v. a. zeigt das Kreuz –, der nicht will, daß Gott Gott ist, weil er selber Gott sein will (Martin Luther); der sich darum entweder verliert an die Anbetung anderer Kreatur oder aber sich selbst zum Götzen, zum Gott für andere macht; dessen Schicksal es ist, wie Johann Georg Hamann einmal so unnachahmlich formuliert hat, entweder Götze oder Schlachtopfer zu sein,[5] nicht aber seine Menschenwürde zu leben und wahrzunehmen im Gegenüber zum lebendigen Gott. Es ist ein Mensch, der das Wort Gottes mundtot macht und die Niedrigkeit, Demut und Schwachheit dieses Wortes gnadenlos ausnutzt; der diesem Wort nicht nur widerspricht, der es nicht nur überhört, der es vielmehr dort auch zum Schweigen bringt, wo es seine Kreise zu sehr stört.

Wir haben gesehen, wie gerade im Gegenüber zu diesem demütigen, dienemütigen, menschlichen Gott die Haltung des Menschen offenbar wird, seine Hybris, sein Hochmut, in dem er über sich selbstbestimmen, ja noch bestimmen will, wer und was »Gott« ist und was nicht!

Niemand wird sagen, daß das ein angenehmes Panorama von Gott, Mensch und Welt ist. Aber wann waren je Bequemlichkeit und Annehmlichkeit Kriterien von Wahrheit? Heilsame Medizin ist nur zu oft sehr bitter.

Es kann nicht anders sein, als daß dieses Wort vom Kreuz den erbitterten Widerstand des Menschen hervorruft; daß es ihm – wie schon Paulus erfuhr und wußte – ein Skandal, ein Anstoß, ein Ärgernis ist; daß auch mancher Zeitgenosse nicht anders kann, als sich mit Abscheu von dieser Torheit, modern gesprochen: von diesem »Quatsch« und »Unsinn«, abzuwenden. So sehr widerspricht das Evangelium allem, was ihm wichtig, heilig und selbstverständlich ist. Ich nenne nur einige wenige Gesichtspunkte, die mir heute besonders aktuell zu sein scheinen, einige Wesensmerkmale des dreieinigen Gottes, deren Erwähnung heute einen besonders erbitterten Widerstand hervorruft:

c) Ein notwendiger Skandal

(1) Die Rede von Gott ist *autoritativ*. Der westliche Mensch hat sich angewöhnt, alles, auch das Gottesbild nach seinem Gusto zu gestalten. Er glaubt, alles sei seinem individuellen Gutdünken überlassen. Er ist in diesem grundlegenden und maßgebenden Lebensgefühl aufs tiefste gekränkt. Er fühlt sich in seiner Ehre und seinem Selbstverwirklichungswillen am massivsten angegriffen, wenn er einer Position begegnet, die nicht mehr fragt: Wie hätten Sie's denn gern? *»Darf's noch etwas mehr sein, etwas mehr Spiritualität oder etwas mehr Lust, etwas mehr Gefühl oder etwas mehr Wissenschaft bei der Mixtur Ihrer Religion?«*; wenn ihm jemand vielmehr entgegentritt und ihm zumutet: Es ist nur ein Gott, nur einer, der es verdient, so genannt und angebetet zu werden.

Auch hier müssen wir uns als Kirche bald definitiv

entscheiden, was wir unter Volkskirche verstehen wollen: ein bloßes Spiegelbild des Volkes, also eine Kirche des Volkes, die letztlich nichts anderes ist und keinen größeren Wunsch hat, als in diesem Volk aufzugehen, oder eine Kirche für das Volk, *die aber doch gerade darin für das Volk ist, daß sie wider es ist,* ihm widersteht. Der kürzlich auf der genannten Tagung zur Zukunft der Volkskirche ebenfalls geäußerte Vorschlag eines Marburger Theologieprofessors, man müsse eben das »Wagnis des Synkretismus« eingehen und auch andere Religionen (d. h. doch auch anderen Göttern und Gottesvorstellungen) in der Kirche Raum geben,[6] ist je nach Gefühlslage nur ein Grund zum Lachen oder zum Weinen, in jedem Fall in der Sache ein Ausdruck und Zeugnis völligen Bankrotts.

(2) Für den Selbstverwirklichung und Selbstrechtfertigung suchenden Menschen, der sich selbst erst herstellen, ja schaffen muß, der seinen Wert erst sichern und begründen muß, weil er ja nichts mehr weiß von seinem Wert in den Augen Gottes, – für diesen modernen Menschen ist es eine ebenso große Zumutung, sich mit dem Zöllner zu identifizieren und einzustimmen in sein Bekenntnis: »Gott, sei mir, dem Sünder, gnädig!« (Lk 18,19), wie hernach für dieses Heil, diese Gnade, diese allein und ohne Grund gewährte Beziehung zu Gott noch nicht einmal etwas tun zu dürfen. Nur Kind, nur empfangend, nur ruhig, nur dankbar sein dürfen – das ist ein Horror. Wie schwer fällt es, sich etwas schenken zu lassen, wirklich bloß zu nehmen, ohne etwas dafür geben zu *dürfen* (!).

Es ist schlimm, man wird eben schwindelig, wenn die Tretmühle des Lebens auf einmal still steht. Das ist zunächst gar nicht schön. Auch das müssen wir wissen, wenn wir anderen Menschen das Evangelium weitersagen wollen.

(3) Es ist dem modernen, nach weltumspannenden Konzepten, nach allgemeinen Regeln, nach dem zugrundeliegenden Allgemeinen – etwa der einen Weltformel der Physik –, nach den allen Religionen gemeinsamen Wahrheiten fragenden Menschen ein unerträglicher Gedanke, daß die Wahrheit einzig und allein in diesem einen Jesus von Nazareth festhängen, offenbart oder besser: verborgen sein soll. Denn die Wahrheit, das ist doch nichts Einzelnes, sondern etwas allgemeines; das ist schon gar keine einzelne, sterbliche, geschichtliche Person, das ist höchstens ein allgemeiner, universaler, weltumspannender Gedanke. Die Wahrheit, das ist etwas, das alle eint, weil alle es einsehen können. Was entzweit, das kann nicht wahr sein. Kann es aber etwas Konkreteres geben als diesen Sohn Gottes aus Nazareth? Und ist es nicht gerade sein Anspruch, der nicht eint, sondern im Gegenteil entzweit?

Wieder kommt es darauf an, daß wir dieses Nadelöhr Jesus Christus ernstnehmen, daß wir nicht den zunächst jedenfalls einfacheren Weg an ihm vorbei wählen; daß wir uns auf dieses ganz konkrete, unüberbietbar konkrete, anschauliche, wirkliche, anfaßbare, greifbare und bezeugbare Handeln Gottes einlassen – und eben nicht auf Gedanken, die umso dünner und dürftiger werden, je mehr Menschen sie anerkennen; die schließlich so hoch und abstrakt sind, so jenseits der Atmosphäre unserer Erde und unseres alltäglichen Lebens, daß sie uns keine Luft zum Atmen mehr lassen. Es ist ja so widersinnig. Wie viele Menschen beschweren sich nicht über den nebulösen, den nicht greifbaren Gott, über den man nur so schwammig reden könne! »Nichts Genaues weiß man nicht in den Sachen mit Gott!« Hier, in Jesus Christus, ist Gott uns als geschichtliche Person, als Mensch unüberbietbar anschaulich, greifbar, auch für den intellektuell orientier-

152

ten Menschen nachvollziehbar nahe geworden – und wie viele, die meisten, rümpfen nun die Nase über diese Konkretheit, diese Individualität, diese Nähe! Kann das Gott sein, den wir verstehen können, der so ist wie wir? Jesus – das ist doch der (Sohn des) Zimmermann(s)! Das war schon zu seinen Lebzeiten ein Einwand (Mk 6,3).

(4) Ein Letztes. Dieser Gott will im Dunkel wohnen. Das ist der vierte, große Skandal: sein Licht in unserer Dunkelheit. Das liegt quer zu all dem, was wir zu denken gewohnt sind. Für den neuzeitlichen und modernen Menschen gibt es eigentlich nur: himmelhoch jauchzend oder zu Tode betrübt. Entweder ein beispielloser, in der Aufklärung wurzelnder und in einem Glauben an die Vernunft begründeter Optimismus, alles sei besser zu machen und alles werde besser, nun, wo der Mensch die Geschicke selbst in die Hand nimmt, – oder aber: ein von einer Minderheit formulierter, in Stunden der Klarsicht gewonnener Nihilismus, der jede Hoffnung fahren läßt. Entweder Licht oder Dunkelheit. Ein Drittes gibt es nicht. Die Bibel bezeugt anderes. Das Wort vom Kreuz zeigt: Sein Licht *in* unserer Dunkelheit. Es gibt ein Drittes!

3. *Wem* gilt das Wort vom Kreuz? Die Adressaten missionarischer Verkündigung

Die entscheidende Auskunft über die Adressaten des Evangeliums, über die, denen das Wort vom Kreuz gilt, gibt uns wieder der Blick auf Christus, und zwar den Gekreuzigten.

(1) Es sind Menschen, denen Gottes ganze Liebe, seine volle Hingabe in Jesus Christus gilt. Wenn Gott

diese Menschen so liebt, daß er sich in unsere wenig angenehme Welt hineinbegibt, Konflikte und Verachtung, Leiden und Tod auf sich nimmt, dann sind auch wir verpflichtet, in denen, die von der Kraft Gottes im Evangelium noch nichts wissen, zunächst und vor allem *von Gott Geliebte* zu sehen, mit allen Konsequenzen, die das z. B. für das *Wie?*, die Attraktivität missionarischer Verkündigung und missionarischen Lebensstiles hat; dann sind auch wir verpflichtet, sie zu lieben und ihnen gerade darum das Wort vom Kreuz nicht zu verschleiern, sondern mit aller denkbaren Phantasie und aller verfügbaren Kreativität nahezubringen. Um mit Paulus zu reden: »Obwohl ich allen gegenüber frei bin, habe ich mich allen zum Sklaven gemacht, damit ich immer mehr gewinne« (1. Kor 9,14).

Die Empfänger des Evangeliums sind also zunächst die, denen wir den Dienst der Verkündigung der Versöhnung schulden.

(2) Das Kreuz zeigt uns aber ebenso deutlich, daß diese Adressaten verloren sind, wenn sie und sofern sie dieses Kreuz nicht in Anspruch nehmen. Als »Objekten« der Liebe Gottes, als jenen, denen die Liebe Gottes gilt und die verloren sind, wenn sie seine Nähe nicht erfahren und sich seine Hilfe nicht gefallen lassen, schulden wir ihnen darum v. a. eine möglichst präzise Beschäftigung mit ihrem Leben und Denken; eine Durchdringung ihrer Lebensumstände, die es erst ermöglicht, das Wort vom Kreuz so zu sagen, daß es verstanden und aufgefaßt werden kann. Es kommt ja entscheidend darauf an, daß sich die Menschen nicht an uns stoßen, sondern den Widerspruch des Evangeliums erfahren; daß nicht schon wir als Zeugen und Boten so abschreckend und uninteressant wirken, daß das, was wir zu sagen, weiterzusagen haben, gar nicht mehr in den Horizont des Adressaten hineinkommt.

Wir können in diesem Zusammenhang keine Analyse der postmodernen Lebenswelt des sich zunehmend säkularisierenden Menschen in einer weitgehend nachchristlichen Gesellschaft leisten. Ich möchte nur auf drei Umstände hinweisen, die mir besonders wichtig zu sein scheinen.

a) Traditionsabbruch

Wir stehen vor einem *Traditionsabbruch*, der nahezu ohne Beispiel ist. Wie weit sich unsere Gesellschaft von christlichen Überzeugungen oder auch nur Traditionen entfernt hat, zeigt nicht nur die öffentliche Diskussion über ethische Probleme. In der Frage nach der Legitimität der Vernichtung ungeborenen Lebens sind die christlichen Kirchen ja ganz offenkundig jetzt schon in einer Minderheitssituation.

Eine andere Diskussion hat gerade in der Art, wie sie von ernstzunehmenden öffentlichen Medien geführt wurde, ein Schlaglicht auf die Bedeutung oder besser: fehlende Bedeutung geworfen, die christlicher Glaube als Fundament allgemein anerkannter Normen noch besitzt oder eben nicht mehr besitzt. In der Debatte um das Erlanger Baby im Bauch seiner toten Mutter war in einer einflußreichen deutschen Zeitung zu lesen: »Was die Erlanger Ärzte hätten tun oder unterlassen sollen, ist ausschließlich eine Frage der sozialen Ethik. Deren Aufgabe kann in einem säkularisierten Staat des ausgehenden 20. Jahrhunderts nichts anderes mehr sein als Schutz legitimer Interessen und die Regelung ihrer Kollisionen.« Mit anderen Worten: Ethik ist nicht mehr Orientierung an letzten, übergeordneten, überindividuellen Werten und Sachverhalten. Ethik ist nichts anderes als Interessenausgleich. Damit jeder ganz klar sieht, was gemeint ist, setzt der Verfasser des Beitrages noch eins drauf: »Religiöse Offenbarungen und ewig gültige Prinzipien ... können in einer liberalen, polytheistischen, internationalisierten, um nicht zu sagen ›multikulturellen‹ Gesellschaft, keine allgemeine Verbindlichkeit mehr erzeugen und reklamieren. Es ist ein irritierendes Armutszeugnis der medizinethischen Debatte in Deutschland, daß bei jeder Grundsatzfrage, die über dem Horizont der eingespielten Geläufigkeiten liegt, noch immer Priester und Theologen für die zuständigen Erkenntnisquellen gehalten werden.«[7] Dem ist nichts hinzuzufügen außer dem Wunsch: Wenn es doch noch so wäre!

Der Traditionsrahmen, der über Jahrhunderte verläßliche, wenigstens im Grundsatz anerkannte, wenn natürlich auch nicht immer praktizierte Orientierung bot, ist weggebrochen. Besonders nachdenklich macht der Verlust von christlichen Traditionen unter der heranwachsenden Generation. Eine 1991 über Kirchenaustritte in der Gesamtkirchengemeinde Stuttgart angefertigte Studie[8] ergab, daß 70 % der Ausgetretenen unter 35 Jahre alt waren. Bezeichnend ist weniger, daß die Kirchensteuer einer der Hauptgründe für den Abschied von der Kirche war; bezeichnend ist vielmehr der Sachverhalt, daß damit nun auch die Kirche von jungen Leuten einer ganz nüchternen Kosten-Nutzen-Analyse unterzogen wird, die Verbindung zum christlichen Glauben über die Kirche also faktisch für viele keine Bindewirkung mehr besitzt.

Heiner Barz hat in einer dreibändigen Studie über »Jugend und Religion«[9] aufgewiesen, wie sehr sich die heutigen Jugendlichen von der Kirche entfernt und dieser Form von institutionalisierter Religion entfremdet haben. Es ist aber nicht nur dieses weit verbreitete Unbehagen gegenüber der Institution Kirche (»Religion ohne Institution«), sondern v. a. das neue Phänomen, daß elementarste Kenntnisse über den christli-

chen Glauben fehlen, das uns zwingen muß, völlig um-
zudenken und ganz neue Wege zu suchen, das Evangelium dem modernen wie postmodernen Menschen nahezubringen.

Vielfach werden heute nicht einmal mehr Grund-
züge christlichen Glaubens gewußt. Barz zitiert als
Antwort auf die Frage nach dem ethischen Kern des
christlichen Glaubens die Aussage eines Jugendlichen,
dieser kenne – nicht etwa zehn, sondern »sieben Gebote«[10]. Ein anderes Beispiel: laut einer Emnid-Umfrage
von 1992[1] sind immerhin 21 % der Bevölkerung in den
neuen Bundesländern davon überzeugt, Jesus habe
»nie gelebt«. Solche und ähnliche Befunde stellen uns
vor die Frage: Wie müssen sich Predigten von Stil und
Anspruch her ändern, so daß sie in Zukunft eine sich
immer mehr säkularisierende, mit den Inhalten des
Evangeliums immer weniger bis kaum vertraute Öffentlichkeit erreichen können? Wie ist überhaupt
missionarische Verkündigung so einzubetten und vor-
zubereiten, daß Menschen das Wissen allererst bekommen, das sie verstehen läßt, wovon die Rede ist,
wenn von Jesus die Rede ist? Wir verkündigen ja keine
Weltanschauung oder ein Gedankengebäude. Christen
reden vielmehr von einer geschichtlichen Person – mit
allen Konsequenzen, die das mit sich bringt. Die Rede
ist von Christus, dem erwarteten Messias der Juden; die
Rede ist von einem in der Geschichte an diesem Volk
handelnden Gott. Ohne dieses Wissen fehlt der Zugang
zum christlichen Glauben.

b) »Taumel der Moderne«
Ein zweiter Sachverhalt kann in seiner ebenfalls um-
wälzenden Bedeutung hier nur angerissen werden. Die
Rede ist vom »*Taumel der Moderne*«[12]. In unserer Gesellschaft wächst das Bewußtsein, daß wir uns nicht

mehr in der Zeit der Moderne, sondern der *Post*(= Nach-)moderne bewegen. Wenn Philosophen von Postmoderne sprechen, dann meinen sie damit die Einsicht, daß die Leitmotive der Aufklärung, die Leitwerte der Neuzeit und Moderne brüchig geworden sind und zunehmend in ihrer Brüchigkeit erkannt werden. Der heutige Mensch wird immer mehr mit der Einsicht konfrontiert, daß die Werte und Fundamente, auf denen er sein aufgeklärtes Lebenskonzept und seine optimistische zuversichtliche Geschichtsschau aufgebaut hat, nicht tragen: Toleranz, Humanität und allen voran Vernunft als Instanz, die den Gottesglauben als Basis von Gesellschaft wie Wissenschaft nicht nur aufgelöst, sondern sich sogar an seine Stelle gesetzt hat. Ich möchte dem Philosoph Wulff D. Rehfus das Wort geben. Seine Darstellung ist nicht nur wegen ihrer Deutlichkeit und Prägnanz bemerkenswert. Sie ist mir auch deshalb so wichtig, weil hier nicht ein christlicher Miesmacher der Moderne schreibt, sondern jemand, der des Christentums ganz unverdächtig ist:

»Der Porzellannachttopf aus der Biedermeierzeit erwies sich als standhafter und wertbeständiger als das europäische Selbst- und Weltverständnis. Wir erleben heute einen Kulturkollaps. Die Kultur der Aufklärung bricht zusammen. Sie bricht zusammen, weil ihr Fundament einstürzt, nämlich die Vernunft. Nicht aber die Vernunft schlechthin bricht zusammen, sondern die autonome Vernunft.

Nach dem Tode Gottes maßte sich die autonome Vernunft an, die Welt aus eigener Kraft verstehen und gemäß vernünftiger Prinzipien gestalten zu können. Der Mensch wollte es besser machen als Gott. Die zweite Schöpfungsgeschichte begann.

Heute wissen wir, daß dieses Projekt der Moderne

gescheitert ist. Der Mensch hat es nicht besser gemacht als Gott. Die Vernunft hat uns auf der einen Seite in einen Taumel des Fortschritts gerissen, uns aber auf der anderen Seite genau die Probleme beschert, die uns heute bedrängen.

... Kritik rettet die Vernunft nicht vor ihrer Auflösung, sondern verursacht sie.«[13]

Was diese herannahende Kultur der Postmoderne für christliches Leben und christliches Zeugnis bedeutet, können wir vorerst nur ahnen. Wie wird christliche Verkündigung und christlicher Lebensstil in einer Gesellschaft aussehen, die den tragenden Werten, den Leitwerten der Moderne, die also Humanität und Toleranz, der Vorstellung von Menschenrechten und überhaupt übergreifender und unabhängig vom Menschen geltender Werte den Abschied gegeben hat? Vorstellungen, die einen christlichen Ursprung hatten, die der neuzeitliche und moderne Mensch jedoch auch unabhängig vom christlichen Glauben meinte begründen und festhalten zu können und für die er nun reihenweise Bankrott anmelden muß, weil er ihre innere Substanzlosigkeit, ihre Haltlosigkeit einsehen muß?

Die philosophische Postmoderne bietet enorme Gesprächsmöglichkeiten. Wie kaum je zuvor ist der Mensch bescheiden geworden hinsichtlich der Tragweite seiner Erkenntnismöglichkeiten wie seiner Fähigkeiten zur Weltgestaltung oder gar -verbesserung. Wie nie zuvor werden im Rückgriff auf Friedrich Nietzsche Einsichten formuliert über das Wesen des Menschen als »Willen zur Macht«, der gar nicht anders kann, als in allen seinen Lebensäußerungen sich selbst zu suchen, zu versuchen, sich durchzusetzen und zur Herrschaft zu bringen. Radikaler, nüchterner, illusionsloser kann man das Wesen des Menschen unabhängig vom Wort vom Kreuz nicht denken; näher kann man der reformatorisch-biblischen Sicht vom Menschen nicht kommen, der nach Luthers bekanntem Wort auf sich selbst zurückgekrümmt[14] ist, dessen ganzes Dasein auf sein ICH zurückbezogen ist, in dessen Leben nur eines groß geschrieben wird: das eigene ICH, und der darum nicht will, ja von Natur aus nicht wollen kann, daß Gott Gott ist, weil er selber Gott sein will.[15]

Für die nüchterne, auch über die Möglichkeiten der Vernunft ernüchterte postmoderne Philosophie stellt sich die Frage nach der Wahrheit als nahezu unlösbares Problem dar: Wie soll man überhaupt Wahrheit denken, geschweige denn erkennen können? Wenn es nicht »die« Vernunft gibt, die – an Stelle Gottes – herrscht und allen Individuen ihre Wahrheit aufzwingt, kann es dann Wahrheit geben, und wie ist diese dann zu erkennen?

Wie inmitten dieser bodenlosen Ernüchterung auf diese rückhaltlose Skepsis zu antworten ist, wie in sie hinein christlicher Glaube weiterzusagen ist, – auf diese Frage haben wir bislang bestenfalls ansatzweise Antworten parat.

c) Triumph der Individualität

In unserer heutigen Lebenswelt spüren wir das Vordringen der Postmoderne und die Zersetzung der Moderne vielleicht am deutlichsten in dem, was ich den *Triumph der Individualität* nennen möchte. Es gibt nichts verbindliches Allgemeines mehr; also ist sich nicht nur jeder selbst der Nächste – die noch bestehende Rücksichtnahme auf einen Nächsten ist v. a. in Zweckmäßigkeitsüberlegungen begründet, weniger in dessen Würde als Mensch oder gar als Gottes Ebenbild –; man ist sich nicht nur selbst der Nächste, man ist sich in seinem Geschmack, in der eigenen individuellen Prägung auch alleiniger Maßstab. Es gilt nicht nur: erlaubt ist, was gefällt. Es gilt auch: Richtig ist, was gefällt, mir gefällt. Eine beispiellose Privatisierung des Ästhetischen wie des Ethischen ist die Folge. Das Leitmotiv einer »anarchistischen Erkenntnistheorie« (Paul Feyerabend)[16] wird zur universalen ethischen und ästhetischen Maxime der Postmoderne: *anything goes!*

Die Subjektivierung der Wahrheit, die wir im Philosophischen beobachteten, schlägt sich in der Lebenswelt nieder in einer Subjektivierung des Geschmacks und einer Individualisierung der Ethik. In einer Medienwelt, die durch ungeheuren Konkurrenzdruck gekennzeichnet und primär dem Kommerz verpflichtet ist, sind Tabus dazu da, daß sie gebrochen und von den Medien ausgebeutet werden. Wer verbotenes Terrain betritt, »erregt« Aufmerksamkeit, die sich über steigende Zuschauerzahlen direkt in höheren Werbeeinnahmen als klingende Münze niederschlägt. Der postmoderne Privatfernseher erfährt dies durch eine immer offenere und ungeschminktere Darstellung von Gewalt wie durch eine immer mehr gesenkte Schamschwelle in der Darstellung von sexueller Intimsphäre wie von Privatsphäre überhaupt. Ist ein Tabu gebrochen, ohne daß der Täter bestraft wird, verliert eine Wiederholung der Tabuverletzung schnell an Aufmerksamkeitswert. Neue, weitergehende Vorstöße sind vonnöten. Dieser seit Jahrzehnten – beschleunigt aber in den letzten Jahren – beobachtbare Prozeß hinterläßt beim Konsumenten unweigerlich den Eindruck, daß es Tabus eigentlich nicht geben kann; daß es sich bei ihnen letztlich mehr oder weniger um verstaubte Verhaltensschranken handelt, die im Prinzip alle abgebaut werden können. Was sollte dem auch entgegenstehen

– die verstaubte Ethik einer Kirche, die dadurch ja wieder nichts anderes beweist als ihr Hinterwäldlerdasein?

So greifen kommerzorientierte Medienwelt und philosophisch begründete Demontage eines übergeordneten Allgemeinen ineinander und bewirken einen, gemessen an der bürgerlichen Welt noch der fünfziger Jahre, revolutionären Bewußtseinswandel.

Der Verlust an Bindungsfähigkeit der großen religiösen Institutionen, sprich: der beiden Volkskirchen, macht sich nicht zuletzt auch in einem Aufbruch, ja Ausbruch freier Spiritualität bemerkbar. Auch Spiritualität, auch Religion ist eine Frage individueller Bedürfnisse und des persönlichen Geschmacks. Religion wird, ja ist schon vielfach eine Sache des persönlichen Ego-Trips. Der Trendforscher Gerd Gerken zeigt, wo's heute langgeht. »In der klassischen Religion gab es Gott als Projektion, also war er *über* mir. Die Gegenthese von heute: Gott ist *in* mir. Das ist der Ansatz der freien Spiritualität. Sie sagt: *Ich* bin Gott!«[17] »Ihre Aussage ist: Spirit statt Konfession, Spiritualität statt Religion.« Religion, Konfession – so etwas kann es ja gar nicht mehr geben, weil das eine allgemeine Wahrheit, Verbindlichkeit (Konfession heißt ja Bekenntnis zu etwas Verbindlichem!) voraussetzen würde. Aber soweit denken, soviel denken mag man ja in einer Sache, die doch schon *megaout* ist, ohnehin nicht mehr. Ich muß heute als junger Mensch nicht begründen, warum ich nicht in der Kirche bin. Ganz im Gegenteil: »Man muß sich heute als junger Mensch inzwischen dafür rechtfertigen, noch Kirchenmitglied zu sein.«[18]

Es ist aber nicht nur die Kirche, die *out, megaout* ist. Es ist die ganze »christliche Ideologie«, der heute der postmoderne Wind ins Gesicht bläst. Nicht nur, daß sie »nicht zum breiten Trend des Ich-Designs« paßt – Stichwort Selbstverwirklichung! –, die christlichen Religionen sind v. a. »unfähig, das neue, so dringende Glücksbedürfnis junger Menschen zu befriedigen«.[19] Vertröstungen und Triebaufschub funktionieren nicht mehr. An ein Jenseits glaubt man nicht mehr, und der Sinn von Beherrschung, Bezähmung eigener Bedürfnisse ist nicht mehr einsichtig. Denn der postmoderne Gläubige »sucht sein Heil radikal im diesseitigen Glück«.[20] »Die Jugendlichen wollen dringend das Gefühl des Glücks. Sie wollen es sofort und jetzt – und jeden Tag.«[21] Gerd Gerken kommentiert: »Da kommen unsere christlichen Religionen einfach nicht mehr mit. Ihnen fehlt die Glückskomponente. . . . Man stelle sich den Wahnsinn vor! Junge Menschen sind heute ›Satisfaction now‹-Typen – und die werden per Langzeiterwartung vertröstet. Das kann einfach nicht funktionieren.«[22]

Mir ist wichtig, daß wir hier den Blick nicht verengen und nur auf die junge Generation richten, die zum unmoralischen Sündenbock wird. Unsere »Mittelstandsgesellschaft hat sich (vielmehr insgesamt) zu einer Interessengemeinschaft Nahrung und Genuß entwickelt«. So stand es kürzlich in einem Blatt zu lesen, das bestimmt erhaben ist über den Verdacht moralinsauren Christentums.[23]

Illusionslos spricht Gerken vom »Ende der Konfessionen«[24]. Seiner Ansicht nach ist der »Kulturkampf zwischen freier und konfessionsloser Religion . . . bereits entschieden.« Die Kirchen kämpfen zwar noch. »Die freien Spirituellen kämpfen nicht. Sie haben das gar nicht nötig.«[25]

Vielleicht hat Gerken recht. Vielleicht wird die Volkskirche den Kampf verlieren. Vielleicht *muß* sie ihn verlieren, wenn sie denn *Kirche* bleiben will. Eines freilich ist in dieser Situation sicher. Wenn die Kirche versuchen sollte, diesen Kampf um jeden Preis zu gewinnen, um jeden Preis mit freier Spiritualität zu konkurrieren, dann wird mit Sicherheit sie der Verlierer sein. Denn der Preis, den sie für einen solchen Sieg zahlen müßte, wäre ihr Kirche-Sein, ihr Sein, ihr Bestand als Kirche Jesu Christi, die sich allein von ihrem Herrn her profiliert.

Eine Chance als Kirche, eine Chance für die ihr übertragene Aufgabe hat Kirche nur dann, wenn sie selbstbewußter – oder besser: ihrer Sendung bewußter – Profil gewinnt und nicht zu einem amorphen, gestaltlosen Abklatsch dessen wird, was man auch sonst, auch ohne sie im religiösen Supermarkt findet; dort freilich in der Regel in viel interessanterer Gestalt, in weit attraktiverer Form und ohne Gewissensbisse.

Ich sehe in dem skizzierten Befund nur ein weiteres, ganz starkes Argument für die Konzentration der Kirche auf das Wort vom Kreuz. Wenn es noch eines Beweises bedurft hätte, daß Kirche nicht neue Bedeutung bekommt, wenn sie den Bedürfnissen der Menschen mehr, noch mehr entgegenkommt, wenn es noch eines Beweises bedurft hätte für die Notwendigkeit einer rigorosen, absoluten Konzentration auf das Wort vom Kreuz, dann liegt sie in dieser unabhängigen und über jeden Verdacht einer christlichen Einstellung erhabenen Diagnose des zitierten Trendforschers.

Die von ihm formulierten »Bedürfnisse« des über alle Normen und Werte triumphierenden und allein sich selbst suchenden Menschen liegen meilenweit jenseits dessen, was Kirche ausmacht und »zu bieten« hat. Es ist daher von vornherein ein vergebliches Unterfangen, diesen Bedürfnissen entsprechen zu wollen. Und ich habe die ehrliche Hoffnung, daß sich in unserer

Kirche diesmal nur wenige oder vielleicht auch niemand findet, der meint, auch auf diesen Zug des Zeitgeistes noch aufspringen, auf ihm »abfahren« zu müssen, um – wie es dann zur Begründung heißt – die Kirche wieder attraktiv und wichtig zu machen. Hier kann es nur ein klares *Entweder – Oder* geben, eine Alternative, die gegebenenfalls auch durchzuhalten ist um den Preis des volkskirchlichen Charakters oder dessen, was bei Licht betrachtet angesichts weitgehender Entfremdung der Bevölkerung v. a. in den anonymen Lebenswelten der Großstädte davon noch übrig geblieben ist. Wir sprechen von einer Alternative, in der nicht nur der Weiterbestand von Volkskirche zur Disposition steht, in dem vielmehr ihr Kirche-Sein selbst auf dem Spiel steht.

Es ist die Herausforderung durch die Postmoderne, die uns helfen kann, Abschied zu nehmen vom Modell der Volkskirche als einem Dienstleistungsbetrieb für alle und alles und uns erneut zurückzubesinnen auf unseren eigentlichen und zentralen Auftrag. Die Krise der Volkskirche bietet die Chance, neu zu entdecken: Kirche gewinnt Identität nicht durch Relevanz, sondern durch Profil. Kirche gewinnt ihre Identität nicht durch eine ihr Profil immer mehr auflösende und diffuse Relevanz für möglichst viele und vieles. Sie gewinnt die ersehnte Relevanz vielmehr durch ein identitätsstiftendes Profil. Die Konzentration auf das Eine und den Einen, der not tut, wird sie ganz neu auch attraktiv werden lassen.

So haben wir tatsächlich auch gegenüber dem modernen wie postmodernen Menschen nichts zu wissen als nur Jesus Christus und ihn als gekreuzigt.

Wir sehen im Typ des postmodernen Zeitgenossen die letzte, profilierteste Ausformung des Geschöpfes, das sich gegen Gott stellt, indem es sich selbst zu Gott macht, als Individuum vergötzt. Wir können nicht anders, als auch diesen selten hybriden wie selten einsamen, diesen sich so offensichtlich an sich selbst verlierenden Menschen zu lieben; wir können nicht anders, als gerade in ihm den zu sehen, dem Christus nahe sein will.

4. *Wie* sagen wir das Wort vom Kreuz weiter?

a) »... ich bin allen alles geworden«

Paulus sagt: »Ich bin den Juden ein Jude geworden, damit ich die Juden gewinne; denen, die unter Gesetz sind, wie einer unter Gesetz, obwohl ich selbst nicht unter Gesetz bin; denen, die ohne Gesetz sind, wie einer ohne Gesetz, obwohl ich nicht ohne Gesetz vor Gott bin. ... Den Schwachen bin ich ein Schwacher geworden, damit ich die Schwachen gewinne. Ich bin allen alles geworden, damit ich auf alle Weise einige errette« (1. Kor 9,20–22).

Die Frage nach dem Wie? findet hier eine erste grundlegende Antwort. Genauso, wie Christus, das ewige Wort, Fleisch wird, sich hineingibt und -begibt in unsere endlichen, sterblichen, instabilen Lebenszusammenhänge, genauso sind wir dazu gerufen, inmitten dieser Welt das Wort »Christus« weiterzusagen; genauso, wie Gott diese Welt trotz ihres Aufstandes nicht gleichgültig ist, sind auch wir dazu aufgerufen, diese Welt, unsere Lebenswelt, unsere Gesellschaft nicht einfach als vergehend, schlecht, böse abzutun und uns mit gerümpfter Nase zurückzuziehen nach dem Motto: *Unser Bürgertum ist in den Himmeln (vgl. Phil 3,20). Was habe ich mit dieser Welt zu tun?* Genauso wie Gott ein Mensch geworden ist, um Menschen zu erreichen, ihnen nahe zu sein, wie er alles daran gesetzt hat, um von ihnen verstanden zu werden, genauso sind auch wir gerufen, den Menschen nahe zu sein; sie zu erreichen mit dem Wort, das ihnen helfen kann; sind wir gerufen, alles daran zu setzen, damit sie dieses Wort verstehen.

Es ist das Vorbild Christi, die Wirklichkeit seiner Inkarnation, das für den Zeugendienst wesentlich ist: Wenn man anderen etwas sagen will, dann muß man mindestens auf Hörweite an sie herangekommen sein. Wenn man einen Widerstand, mit dem zu rechnen ist, überwinden will, darf man sich nicht vornehm zurückziehen, sondern muß bereit sein, mit dem Nächsten – auch über längere Zeit – zu ringen; dann gilt es den Kontakt zu suchen und zu halten. Wenn wir die Menschen heute erreichen wollen, dürfen wir nicht mehr erwarten, daß sie zu uns kommen; dann müssen wir vielmehr hinein ins Gedränge, ins Gewühl der Meinungen; dann muß man sich eben erst *zusammen*setzen, am Stammtisch, beim Kaffeekränzchen, an Elternabenden und auch bei Einladungen im Wohnzimmer, um sich über den Glauben *auseinander*zusetzen. Dann muß man sich einsetzen, ja aussetzen, wie Christus dies tat, und darf Widerspruch, Widerstand, andere Meinungen und auch erstaunte Gesichter nicht fürchten.

Wer so Interesse zeigt, wer dabei, mittendrin ist, der wird aber zweierlei erfahren, was ihn froh machen kann. Er wird bemerken, wie er etwas erreicht; wie der Gesprächspartner ganz anders zuhört, auf meine Worte hört, wenn ich auch in seinem Lebenszusammenhang, seinem Alltag präsent bin. Wer seinen Glauben so dem Gespräch und der Diskussion aussetzt, der wird aber auch merken, wie er selbst seines Glaubens gewisser wird, sich an seinem Glauben ganz anders

167

oder neu freuen kann, weil er lernt, diese Wirklichkeit Gottes im eigenen Leben neu zu formulieren und zu profilieren.

Mit-Teilung des Evangeliums – das ist wörtlich zu nehmen. Mit-teilen, d. h. jemandem etwas mit-teilen, mit jemandem etwas teilen, ihn mit hineinnehmen in das, was unser Leben bestimmt. Solche Mit-Teilung des Evangeliums ist alles andere als ein abstraktes, ein intellektuelles, hochgeistiges, wirklichkeitsfernes und bloß rednerisches Geschehen, bei dem es eben v. a. auf unsere Redekunst ankäme. »Und ich, als ich zu euch kam, Brüder, kam nicht, um euch mit Vortrefflichkeit der Rede oder Weisheit das Geheimnis Gottes zu verkündigen. Ich war bei euch mit Schwachheit und mit Furcht und in vielem Zittern; und meine Rede und meine Predigt bestand nicht in überredenden Worten, sondern in Erweisung des Geistes und der Kraft, damit euer Glaube nicht auf Menschenweisheit, sondern auf Gottes Kraft beruhe« (1. Kor 2,1.3–5). Johannes Hansen hat einmal gesagt: Es besteht ein ganz enger Zusammenhang zwischen meiner Biographie, meinem Lebensstil und den Menschen, die ich mit dem Evangelium erreichen kann. Die Reichweite evangelistischer Aktivität ist gleich dem Radius meines missionarischen Lebensstiles. Wenn ich erst dann beginne, auf Menschen (Nachbarn, Arbeitskollegen etc.) zuzugehen, wenn eine Verkündigungswoche vor der Tür steht, dann habe ich mit Recht ein etwas seltsames Gefühl, wenn ich – mir im Grunde wildfremde – Menschen auf etwas so Persönliches, ja Intimes wie den Glauben an Gott anspreche. Solche Einladungen wirken nicht nur, sie *sind* sehr formal und im Ganzen unpassend. Sie wirken aufgesetzt. Mein Gegenüber spürt und vermutet zu recht, daß es mir in erster Linie nicht um ihn zu tun ist, sondern um mich, meine Weltanschauung, meinen Glauben, den ich an den Mann/die Frau bringen will. Er fühlt, daß ihm hier etwas recht unorganisch über den Kopf gestülpt werden soll.

Umgekehrt gilt: da, wo ich schon vorher im Lebenszusammenhang der anderen vorkomme, wo sie mein Interesse und meine Zuwendung schon bei anderen Gelegenheiten erfahren haben, da werden sie sehr viel aufgeschlossener sein und sich von mir bei passender Gelegenheit auch einmal auf diese Frage ansprechen lassen. Da, wo ich Interesse am anderen gezeigt habe, werde ich beim passenden Anlaß auch Interesse des anderen an mir und dem, was ich denke, erfahren. Da, wo ich für den anderen auch sonst schon vertrauenswürdig bin, wird auch das, was ich in der Sache mit Gott so denke und vertrete, nicht von vornherein auf Ablehnung stoßen.

Entscheidend ist nicht die große Zahl, entscheidend ist auch nicht, um jeden Preis ein »Opfer« eigener evangelistischer Bemühungen zu finden. Vorrangig ist zunächst einmal das Leben mit anderen Menschen und dann das Gebet, daß Gott Gelegenheiten zum Gespräch schenkt, die ich dann bewußt und fundiert wahr-nehmen darf.

Paulus spricht von den Christen in Korinth einmal als einem »Brief Christi« (2. Kor 3,3). So ein Brief repräsentiert den Absender. Er steht für ihn. Gerade da, wo man den Absender nicht kennt, kann dieser Brief Neugierde, ja Sympathie wecken für den Absender – freilich auch das Gegenteil.

Gerade da und gerade dann, wenn dem Zeitgenossen oft schon die elementaren Voraussetzungen fehlen, überhaupt zu verstehen, worum es im Evangelium geht, wo er von einer Predigt in der Regel gar nicht mehr erreicht wird, gerade dann kann unser Verhalten »Bände sprechen«; kann die Art und Weise, wie wir mit ihm und miteinander umgehen, das andeuten und ein Stückweit doch auch bedeuten, was Evangelium ist:

– Das Schuldigwerden kann ihm zeigen, daß auch und gerade in der Kirche »mit Wasser gekocht« wird; »gerade«, weil Christen doch am ehesten wissen – müßten –, daß sie nicht Gott, sondern nur Menschen sind, Menschen sein dürfen.

– Gerade die Ehrlichkeit, mit der wir von unseren Fehlern und Irrtümern sprechen und diese nicht kaschieren müssen, kann ihn ansprechen und vielleicht die Sehnsucht nach einem Leben in Geborgenheit wecken, in dem auch ihm ein solches zwang-loses Verhalten möglich ist.

– Das Aufeinander-Zugehen und Verzeihen-Können wie Um-Verzeihung-bitten-Können, wird ihn womöglich aufmerken lassen; wird ihn vielleicht fragen lassen, was uns denn Mut macht und Kraft gibt, neu, immer neu anzufangen mit uns selbst und mit dem anderen.

– Überzeugend wird ein Christ-sein sein, das nicht eine verkrampfte und aufgesetzt wirkende Frömmigkeit lebt, sondern wirklich fromm ist, das heißt, aus einer Gelassenheit heraus lebt, die ihren letzten Grund im Wissen und Bejahen des eigenen Sünder-Seins und in der Gewißheit einer unverlierbaren Geborgenheit bei Gott hat.

Wichtig ist mir schon hier der Hinweis, daß wir anderen Christen wie Nicht-Christen nie etwas vormachen, mit den Worten des Paulus: daß wir auch im Hinblick auf den Kern wie die Gestalt unseres Christenlebens nichts anderes wissen wollen als nur Christus, den für uns Gekreuzigten; daß wir nichts anderes wissen wollen als die *bleibende* Notwendigkeit, als Gottloser gerechtfertigt zu werden; daß wir darum authentisch und überzeugend wirken dadurch, wie wir nicht aus eigener Kraft, sondern aus der Rechtfertigung, aus der Vergebung, aus seiner Liebe leben.

b) ». . . damit ich auf alle Weise einige errette«

»Ich bin allen alles geworden, damit ich auf alle Weise einige errette« (1. Kor 9,22). Das heißt also, daß wir das Evangelium hineinnehmen in die Lebenszusammenhänge, in denen wir stehen. Das heißt freilich nicht, daß wir das Evangelium in sie hinein auflösen. Wir lassen uns aus Liebe ein auf das Leben in den verschiedenen Lebenszusammenhängen und auch auf das Denken, Vorstellen und Meinen, das diesen unterschiedlichen Lebenswelten entspricht. Wir lassen uns ein aus Dankbarkeit (Mission ist Dank für Golgatha!) und aus Liebe, oder – weniger vollmundig ausgedrückt –: aus Interesse an unserem Nächsten. Interesse, Liebe hat den Mut, den anderen um seiner selbst willen in Frage zu stellen, genau wie Christus aus Liebe den Mut gehabt hat, seine Zeitgenossen im Entscheidenden, in ihrer Gottesbeziehung, in Frage zu stellen. Interesse, Liebe mischt sich ein und scheut nicht den Zusammenprall, genauso wie Christus den Konflikt riskiert und ausgehalten hat.

». . . damit ich einige errette« – das meint eben nicht profillose Anpassung, sondern im Gegenteil profilierte und damit vom anderen verstandene Verkündigung des Evangeliums: des Wortes, das wider ihn ist, weil es für ihn ist. »Allen alles werden, damit ich einige errette« fordert also, das Evangelium so klar wie möglich zu sagen, damit so klar wie möglich deutlich wird, damit es überhaupt einmal deutlich wird, wie sehr es unseren Horizont sprengt.

Allen alles werden heißt, in den Horizont des Mitmenschen hineinzugehen, aber nicht, in ihm aufzugehen heißt, gerade *in* diesem Horizont zu zeigen, was diesen Horizont, was unsere Denk- und Lebensmöglickeiten *sprengt*. Denn nur was die Trettrommel-Perspektive überschreitet, ist heilsam. Es reicht nicht, bloß solidarisch zu sein. Auch Jesus war nicht bloß solidarisch. Er wollte mehr. Er wollte nicht nur bei den Menschen sein in ihrer Not; er wollte und hat ihnen auch einen Ausweg gewiesen aus dieser Not, ja diesen zuallererst geschaffen.

Wer nur die Trettrommel-Perspektive kennt, der wird ungläubig sein, nicht glauben wollen, daß es anderes gibt. Es wäre das Verkehrteste und Schlimmste, das Inhumanste, das wir tun können, einen anderen in diesem Un-Glauben und also ja in seiner Perspektivlosigkeit zu bestärken und ihm das Evangelium in seiner ganzen Andersartigkeit vorzuenthalten. Es wäre das Dümmste, was man machen kann, das Evangelium nicht zu klären, sondern zu erklären. Er-klären, das heißt einordnen in den ohnehin schon vorhandenen Horizont; einordnen in den Bezugsrahmen des doch auf sich selbst zurückgekrümmten Menschen; vom Evangelium nicht anders reden als von einer doch ohnehin schon gegebenen, doch schon vorhandenen Möglichkeit des Menschen.

Wenn wir das Evangelium klar und deutlich sagen, dann nicht, um es zu erklären, es als etwas zu verkündigen, was der moderne Mensch ohnehin schon weiß – das wäre völlig witzlos; wenn wir das Evangelium klären, dann nicht, um es zu erklären, sondern um es als das ganz Andere, Fremde und darin als die große Alternative, die in Gott und eben nicht mehr im Menschen begründete Möglichkeit zum Leben zu profilieren und herauszustellen.

c) Evangelium: das, was wider mich ist, weil es für mich ist

Wenn Paulus betont, er verkündige das Evangelium »nicht in Redeweisheit« (1. Kor 1,17), damit nicht das Kreuz Christi zunichtegemacht werde; wenn er die Korinther daran erinnert, daß er »nicht in überredenden Worten der Weisheit, sondern im Erweis des Geistes und der Kraft« bei ihnen gewirkt hat, – dann meint er damit nicht, daß wir nicht alle Mühe, nicht alle Phantasie, nicht alle Kreativität aufwenden sollten, um den Nächsten zu erreichen. Aber er warnt davor, den Anstoß zu nehmen, das Ärgernis zu umschiffen, um den heißen Brei herumzureden, statt zur Sache zu kommen. Denn dieser Anstoß, dieses Ärgernis ist in der Sache begründet. Er ist unumgänglich, weil es ja nicht anders sein kann, als daß das Wort vom Kreuz uns in Frage stellt und wir uns von Hause aus nicht gerade darüber freuen, wenn jemand sagt: *du hast nicht recht*, noch dazu: *du irrst dich im wesentlichen, in dem, was dein Leben ausmacht.*

Niemand hat mehr als Jesus Christus selbst erfahren, ja erlitten, am eigenen Leibe gespürt, daß missionarische Verkündigung immer wieder auf Konfrontation hinausläuft. Verkündigung des Evangeliums ist alles andere als konfliktfreie Kommunikation, alles andere als ein harmloses Geplauder. Gerade weil es hier um den Zusammenprall von Welten, um Bindungen geht, aus denen der Mensch sich aus eigener Kraft nicht lösen kann, gerade darum bedeutet missionarischer Lebensstil und missionarische Verkündigung Kampf, »Zoff«.

Wer hört schon gern, daß er ein Sünder ist; daß er schuldig ist oder gar, daß es eine Instanz gibt, der er absolut verantwortlich ist? Wie nahe liegt es da, das Wort vom Kreuz abzuschwächen; es so zu erläutern, es so lange zu erläutern, bis mein Gegenüber ihm zuzustimmen vermag?

Ich möchte die provokante These wagen: Es gibt nichts Schlimmeres als eine solche Zustimmung, ein solches Einverständnis, das erkauft ist um den Preis der Wahrheit; das erkauft ist um die Preisgabe des Inhaltes.

d) Verstehen um jeden Preis?

Nicht anders verhält es sich mit mancherlei Versuchen, Verstehensbrücken zu bauen. Der moderne Mensch versteht ja die Bibel nicht mehr. Also muß die Bibel übersetzt, verständlich, verstehbar gemacht werden. Da spricht dann – das ist nur konsequent – in einem Bibel-Comic der Engel aus dem Fernsehapparat, um Maria die Geburt ihres vom Heiligen Geist gezeugten Kindes anzukündigen. Man sehe sich nur vor, daß bei diesem Prozeß des Hin-Übersetzens nicht das Entscheidende auf der Strecke bleibt, verlorengeht; daß wir beim Übersetzen vom einen zum anderen Ufer nicht gerade das verlieren, was wir doch eigentlich »rüberbringen« wollten, aber dann doch nicht herüberzubringen vermochten, weil wir es nicht zumuten mochten, es dem heutigen Menschen in seiner Fremdheit nicht nahebringen mochten.

Daß etwas dem Menschen von heute fremd ist, ist gegenwärtig schon ein selbstverständlich stechendes Argument dafür, es nicht zumuten zu dürfen, es vielmehr übersetzen, vermitteln zu müssen. Dem modernen Menschen darf ja Fremdes: etwas, was ihm nicht entspricht, was ihm daher Mühe macht, nicht zugemutet werden. Auch hier schlagen die modernen, sich geschichtlich ganz und gar nicht von selbst verstehenden Konsumstrukturen durch: Der Kunde, der Adressat ist ja König. Ein Christ weiß da um andere Prioritäten.

174

Dabei liegt doch – das hatten wir ja als Kern des Evangeliums erkannt – das Heil, die Rettung, die Befreiung ganz gewiß nicht in dem, was er schon hat, was er ohnehin schon kennt und was ihn doch gerade als einen Menschen auszeichnet, der keine Hoffnung hat.

Hoffnung kommt doch nur dort und dann in mein Leben hinein, wo und wenn mein Horizont gesprengt wird; wo ich Fremdes, Neues, Anderes entdecke, wo ich eine Lösung sehe, die den Rahmen sprengt; wo ich mit Perspektiven und mit einer Wirklichkeit bekannt gemacht werde, die bislang nicht meine war und nicht im Rahmen meiner Möglichkeiten lag.

Nur das Fremde, das Neue, damit aber Anstößige, das, was mich in Frage stellt, kann helfen. So müssen wir es allen denen zurufen, die die Bibel und die Botschaft der Bibel dem modernen Menschen meinen nicht mehr zumuten zu können, die vielmehr meinen, sie ihm anpassen zu müssen. Es ist immer schmerzhaft, zumindest unangenehm, sich auf Neues, Anderes, Fremdes einzulassen. Aber diesen Schmerz dürfen wir uns um der Sache und um der Adressaten des Evangeliums willen nicht abmarkten lassen.

Das fängt damit an, daß wir den Menschen von heute mit der biblischen Welt und Umwelt, mit ihrer Geschichte und Lebenswelt, die natürlich nicht unsere Welt ist, bekanntmachen und ein Stück weit auch konfrontieren; daß wir es den Konfirmanden nicht ersparen können, zu wissen, wo Jerusalem und der See Genezareth liegt und was Juda und Galiläa heißt. Wie sonst sollte erkennbar und nachvollziehbar sein, daß Jesus Jude war; daß Gott ein ganz bestimmtes Volk ausgewählt hat; daß es also eine Heilsgeschichte, ein konkretes, besonderes Handeln Gottes inmitten der Menschheitsgeschichte gibt; daß er einen Plan hat mit der ganzen Menschheit usf.

O ja, wir müssen übersetzen, aber nicht die Bibel in den Horizont der heutigen Adressaten, sondern im Gegenteil: die heutigen Menschen in den Horizont der Bibel und ihrer Gotteserfahrungen. Nicht die Bibel ist dem Bewußtsein des heutigen Menschen anzupassen, so lange zu beschneiden, bis er es er-»fassen« kann, sondern im Gegenteil: unser eingeschränktes Bewußtsein, die Perspektivlosigkeit unserer mannigfachen Trettrommelexistenz ist zu weiten, aufzubrechen, indem wir sie in den Horizont der Bibel stellen. Nicht die Wirklichkeit des heutigen Menschen, sondern die Möglichkeiten Gottes sind es doch, die normativ, tonangebend, maßgebend sein müssen, ja dürfen!

Auch hier vergegenwärtigen wir uns, daß wir nicht im Trend liegen. Im Trend liegt das Verstehen um jeden Preis. Im Trend, im neuzeitlich-wissenschaftlichen Trend liegt das Erklären der Welt aus der Welt: Wir wollen die Welt aus der Welt (und nicht aus Gott!) erklären.[26] Das ist ein Leitmotiv der Aufklärung und Moderne. Gott kommt hier programmatisch nicht vor. Er ist ausgeschlossen. Wer von ihm redet als einer ernstzunehmenden Größe, begibt sich außerhalb der allgemein anerkannten Überzeugungen von dem, was wissenschaftlich ist und für die Erkenntnis Gültigkeit hat und was nicht. Aber es bleibt dabei: Um Christus und um dieser Welt, um Gottes wie der Menschen willen, können und dürfen wir nichts anderes wissen als nur Christus und ihn als gekreuzigt.

5. *Warum* reden wir? Das Motiv missionarischen Zeugnisses

a) »Ein Zwang liegt auf mir«

Die Zeugen des Evangeliums sind Menschen, die nicht besser und nicht anders sind als die, an die sie sich wenden. Es sind aber Menschen, die besser und anders dran sind, weil sie das Wort vom Kreuz gehört und sich ihm geöffnet haben; weil sie dieses Wort ihr Leben umgestalten lassen. Es sind Menschen, die dieses Wort darum weitertragen, in Dank gegen Gott und in Verantwortung gegen den Menschenbruder, dem diese neue Perspektive, diese alle Horizonte sprengende Hoffnung noch verschlossen ist.

Zeugen des Evangeliums sind Menschen, die dieses Wort nicht etwa deshalb weitersagen, weil das eine Form von Selbstverwirklichung wäre oder weil das in ihr Belieben gestellt wäre oder weil das eine so angenehme und schöne Beschäftigung wäre. Ganz das Gegenteil ist oft der Fall! »Ein Zwang liegt auf mir«, schreibt Paulus; »denn, wehe mir, wenn ich das Evangelium nicht verkündigte« (1. Kor 9,16). Wir sind gar nicht gefragt, ob wir das wollen: das Wort vom Kreuz weitersagen. Dieses Wort ist eine Macht (griechisch: dynamis), eine Kraft Gottes, (wie es in 1. Kor 1,24 heißt). Es stellt keine Weltanschauung dar. Es ist keine Ansammlung von einigen mehr oder weniger interessanten Gedanken, die wir mit anderen austauschen können oder weitergeben sollen. Das Evangelium ist selbst die Ausdehnung dieser Macht; es ist die Gegenwart Gottes in dieser Welt; die Gegenwart Gottes, in der wir als Christen stehen, ja Gott selbst, vor dem wir stehen; seine Vollmacht, unter der, in deren Bann wir stehen. Und je mehr wir uns dieser

Macht öffnen, je mehr ergreift sie Besitz von uns, je mehr bestürmt sie unser Leben und durch uns das Leben anderer Menschen.

Christen, das sind Getriebene, vom Evangelium und der Not ihrer Mitmenschen Getriebene, vom Evangelium Beschlagnahmte, in seinen Dienst genommene Leute. Es sind schon deshalb nicht unbedingt glückliche Menschen, ausgeglichen und immer frohsinnig, aber es sind Menschen, die ihren Herrn gefunden haben.

b) »Weil wir den Schrecken des Herrn kennen«

Christen sind Menschen, die interessiert sind; *interesse* – das ist lateinisch und heißt wörtlich übersetzt: dabei sein, dazwischen sein, mittendrin sein. Christen sind Menschen, die mittendrin sind: nicht als »Hans-Dampf-in-allen-Gassen-«, sondern als solche, die als Träger dieses Wortes einfach mitten hineingehören, ob sie das manchmal wollen oder nicht; denen dieses Wort immer wieder zu stark (vgl. Jer 20,7–8) und die Not der Mitmenschen zu groß wird, als daß sie ruhig und in Frieden ihr eigenes Heil genießen könnten. Genauso wie Christus sein Sein beim Vater nicht über alles schätzt, sich vielmehr aufmacht, um dabei-, dazwischenzusein, so suchen auch wir nicht unsere Ruhe, unseren Frieden mehr als alles andere, sondern lassen uns immer wieder ein. Oft macht's Freude und fällt leichter; manchmal fällt's auch schwerer.

Wir tun es, weil wir, wie Paulus sagt (2. Kor 5,11), den Schrecken des Herrn kennen. Weil wir den Schrecken des Herrn kennen, darum überreden wir die Menschen. Es ist schrecklich, in die Hände des lebendigen Gottes zu fallen (Hebr 10,31). Dieses Wissen treibt uns um. Es ist nicht zentraler Inhalt unserer Verkündigung, – aber es ist doch ein wesentliches Motiv.

Ein Motiv ist vom lateinischen Wortursprung her das, was uns in Bewegung bringt. Es treibt uns das Wissen um die Lage derer, die vor dem lebendigen Gott einmal ohne Rechtfertigung, ohne Entschuldigung dastehen werden, weil sie sich anbeten oder aber andere vergotten und auf diese Weise dem allein wahren Gott die Ehre genommen haben. Diese Sorge um den Nächsten, aber doch auch die Dankbarkeit gegen den Gott treibt uns um, der will, daß nicht nur wir, sondern alle Menschen zur Erkenntnis der Wahrheit kommen und das ewige Leben erlangen und in die immerwährende, nicht mehr zu zerstörende Gemeinschaft mit Gott finden (1. Tim 2,4).

6. *Wer* redet und *wer* handelt durch das Wort vom Kreuz?

a) Teilhaber an den Niederlagen des Wortes Gottes
Das Wort vom Kreuz steht für den Ernst unserer Lage wie für die Stellvertretung, die unser Lebensretter geschaffen hat. Es steht für das Interesse Gottes wie auch für die Herrschaft Christi über die, die nun nicht mehr sich selbst gehören, sondern dem, der für sie gestorben ist (2. Kor 5,15).

Das Wort vom Kreuz steht aber auch für das Schicksal des Wortes Gottes, das so viele Widerworte von Seiten der Menschen erdulden mußte (Heb 12,3). Es zeigt den, der »in Schwachheit gekreuzigt« wurde (2. Kor 13,4), und es erinnert uns an das Wort Jesu, daß der Knecht nicht über seinem Herrn ist (Mt 10,38); daß es m. a. W. dem Knecht doch kaum anders ergehen wird als dem Herrn. Und es erinnert uns daran, daß auch wir, wie Paulus im selben Atemzug schreibt, »Schwache (sind) in ihm«. Es zeigt uns den Gekreuzigten und erinnert uns an das Wort Jesu, daß Nachfolge Christi Kreuzesnachfolge ist. Sie ist nicht Kreuzesnachfolge, weil Christen dies und das nicht dürften, weil sie auf Spaß und alles, was Freude macht, verzichten müßten. Ganz das Gegenteil ist ja, wie wir gesehen haben, der Fall; sondern weil auch sie der geballte Widerstand dessen trifft, der nicht um seine Herrschaft und seinen Einflußbereich gebracht werden will. Dieses Wort vom Kreuz provoziert den Widerstand geradezu. Es weiterzutragen, ist nichts für Menschen, die komfortorientiert sind. Dieses Wort vom Kreuz führt in Auseinandersetzung hinein, und nirgendwo steht geschrieben, daß wir aus diesen immer nur oder auch nur vorwiegend siegreich hervorgehen. *Christsein heißt Teilhaben an den Niederlagen des Wortes Gottes.*

Es gibt eine bewegende Szene im Leben des Propheten Jeremia. Das Volk steht unter dem Joch der Fremdherrschaft des babylonischen Königs. Im Tempel Gottes und vor den Augen des ganzen Volkes trifft er auf den Falschpropheten Hanaja. Dieser ist ein Schönredner und kündigt im Namen des lebendigen Gottes die Befreiung von Fremdherrschaft an. Jeremia warnt: das Wort eines echten Propheten erkennt man daran, daß es eintrifft. Da nimmt Hanaja mit großer Geste das Joch oder besser die Jochstangen vom Hals Jeremias, die dieser sich zeichenhaft umgelegt hatte, zerbricht sie und sagt vollmundig: »So spricht der Herr: Ebenso werde ich nach zwei Jahren das Joch Nebukadnezars, des Königs von Babel zerbrechen . . .« Da bleibt dem wahren Propheten Gottes, da bleibt Jeremia nichts anderes übrig, als sich davonzumachen, ohnmächtig und unverrichteter Dinge. Ganz lapidar heißt es: »Der Prophet Jeremia aber ging seines Weges« (28,11). Das ist oft genug die Situation von Zeugen.

Wir nehmen Teil an der Schwäche des sich erniedrigenden Wortes Gottes, das gerade darum, weil es sich so erniedrigt hat und uns so nahe gekommen ist, auch so verletzlich, so schwach ist. Es ist kein Machtwort, sondern ein leises Wort. Gerade darum, weil es sich aussetzt, kann man es auch verletzen. Gerade darum, weil es uns so nahe gekommen, weil es so klein, weil es Mensch geworden ist, kann man ihm auch Widerstand leisten, kann man es sogar schmähen. Es gibt eine Schmach Christi (Hebr 11,26; 13,13), eine Torheit des Kreuzes, die unsere Schmach ist, zu unserer Torheit wird. Es gibt Situationen, in denen wir nichts mehr zu erwidern wissen. Es gibt Lagen, in denen wir ganz allein dastehen mit dem, was wir als Christen für richtig halten. Es gibt Situationen, die uns den Mund verschließen oder in denen wir nicht weiterwissen, oder auch Lebenslagen, in denen wir uns als Christen auf einmal »außerhalb des Lagers« (Hebr 13,13) wiederfinden, außerhalb des Lagers der allgemeinen Meinung, außerhalb des Lagers der Mehrheit.

Es gibt in dieser ja ebenfalls an dem Gekreuzigten ablesbaren Situation freilich eine Hilfe; es gibt eine dreifache Entlastung, die es uns doch leicht macht, auch dieses Kreuz mit dem Wort vom Kreuz zu tragen.

b) »Wir predigen nicht uns selbst«

Da ist zunächst eine Einsicht, die vielleicht banal, weil zu selbstverständlich klingt, als daß man sie hier extra ansprechen müßte. Sie ist aber von nicht zu überschätzender Bedeutung und muß immer erneut in Erinnerung gerufen werden. Sie ist gerade für die wichtig, die in evangelistischer Aktion betriebsblind zu werden drohen oder aber auch angesichts fehlender missionarischer Erfolge resignieren wollen: *Wir sind dieses Wort nicht selber; nicht wir sind dieses Wort, sondern Christus ist es.* Nicht wir haben für die Wahrheit dieses

Wortes gerade- und einzustehen, sondern er, dieses Wort selbst. Wir sind nur Wegweiser, Hinweiser, nicht »die Sache« selbst. Es sind auch nicht wir, die dieses Wort letztlich ausrichten; es ist der lebendige Gott selber. Jesus kann sagen: »Es kann niemand zu mir kommen, es sei denn, der Vater zieht ihn« (Joh 6,44; vgl. 6,65). Und Paulus drückt es wieder so schön griffig aus: »Gott selber offenbart die Weisheit Gottes, die das Wort vom Kreuz ist, durch den Geist« (1. Kor 2,10). Das hat gravierende, enorme Konsequenzen.

Mit einem Wort des Paulus: »Wir predigen nicht uns selbst, sondern Christus Jesus als den Herrn!« (2. Kor 4,5). Da ist es wieder, das nichts wissen außer Christus und ihn als gekreuzigt. Ich darf es einmal ganz provokativ sagen: Wir predigen nicht unsere tollen Glaubenserfahrungen, all die Verbesserungen, die da in unserem Leben Platz gegriffen haben; wir predigen nicht unsere Kirche und ihre Vorzüge. Wir predigen nicht uns selbst. Wir haben keinen sichtbaren Gottesbeweis für die Wahrheit des Evangeliums. Wir predigen nur Christus; wir reden auch von unserem Leben als Christen nur dann richtig, wenn wir von *ihm* reden, von *seinem* Subjekt-Sein, von ihm als dem, der unsere Heiligung ist. Wir reden von ihm, der uns zu sich zieht, wenn wir uns seinem Anblick, dem Blick auf den Gekreuzigten stellen, und der es dann immer wieder schafft, selbst das größte Wunder unter diesem Himmel hinzubekommen: daß Menschen einander um Christi willen vergeben und neu aufeinander zugehen können.

Natürlich sollen in unseren Gottesdiensten auch persönliche Glaubens-Zeugnisse Platz haben. Aber manchmal sind solche Beiträge mehr oder minder deutlich nicht Zeugnisse von Christus, sondern von mir; weniger Bericht von dem, was Gott getan hat, als vielmehr Darstellung dessen, was *ich* bin. Hier muß das Gefälle stimmen. Unsere Zeitgenossen sind da sehr hellhörig. Ein echtes Zeugnis ist eines, bei dem ich als Mensch ganz in den Hintergrund trete und nur einer ganz groß wird. Wenn man so nicht reden kann oder will, soll man es lieber bleiben lassen. Denn, »wer sich rühmt, der rühme sich des Herrn. *Er* ist uns geworden zur Rechtfertigung und zur Heiligung« (1. Kor 1,30f.).

Das ist die erste Entlastung: Wir predigen nicht uns selbst, sondern Christus. Wir predigen nicht uns selbst, d. h. doch auch: wir müssen nicht immer mit einem erlösten Lächeln durch die Weltgeschichte laufen. Wer es versucht hat, der weiß: ein erzwungenes wird bald zu einem verkniffenen Lächeln, das dann bald gar nicht mehr einladend, glaubwürdig und authentisch wirkt.

c) Mißerfolg vorprogrammiert

Zweite Entlastung: »Wir sind ein Brief Christi, gelesen von allen Menschen« (2. Kor 3,2f.). Der Brief ist nicht der Absender; er steht ein Stück weit für den Absender, macht von diesem etwas deutlich. Aber er ist doch nur dann und dadurch Brief, daß er den Empfänger auf den Schreiber, Absender verweist, hinweist. Der Brief als solcher ist doch letztlich völlig ohne Belang. Als Briefe sind wir mitbetroffen von der Haltung des Empfängers dem Absender gegenüber. Wenn der Brief in den Papierkorb wandert, dann sind nicht wir daran schuld. Dann liegt das – hoffentlich – an der Zumutung, die der Absender gegenüber dem Empfänger doch nur durch uns geäußert hat. Indem er uns ablehnt, lehnt er im Grunde den Absender ab. Das ist die zweite ungeheure Entlastung. Mißerfolg, Scheitern, gehört zum Geschäft. Obwohl Scheitern ja kein ganz angemessenes Wort ist. Es steht ja eigentlich für etwas,

was nicht passieren darf und soll. Ablehnung, Abwehr, Widerstand gehören aber dazu bei diesem Wort vom Kreuz, von Anfang an bis heute (vgl. Mt 10,34f.).

d) Nicht beweisen, sondern weg-weisen
In diesem Zusammenhang ist ein weiterer Punkt nur anzudeuten. Es ist ja so gut zu verstehen, daß wir dieses Wort vom Kreuz so gern beweisen, ausweisen, beglaubigen möchten, und umgekehrt, daß wir uns vielfach wohl deshalb scheuen, es weiterzusagen, weil wir den berechtigten Eindruck haben, daß das nicht so recht möglich ist.

Abgesehen davon, daß es ohnehin nicht möglich ist, in dieser Welt irgend etwas zu beweisen im strengen Sinne des Wortes, auch in der Wissenschaft und selbst in Mathematik und Logik nicht, – abgesehen davon wäre ein Beweis ja immer etwas, was davon lebt, daß zwei dieselben Vorstellungen haben. Es wäre also nötig, daß ich mich auf die Voraussetzungen eines Menschen, der noch nicht Christ ist, einlasse und ihm auf dieser Basis dann beweise: das Wort vom Kreuz ist wahr. Das Problem besteht aber nun gerade darin, daß wir sehen mußten: das Wort vom Kreuz stellt diese Basis, diesen gemeinsamen Bezugrahmen, *in* dem ich die Wahrheit des Evangeliums beweisen möchte, radikal in Frage; es widerspricht seinen Grundannahmen; es ist nicht auszuweisen innerhalb des Selbstverständnisses eines Nicht-Christen. Darum gilt: Es kann in den entscheidenden Fragen keine gemeinsame Basis geben. Denn Gott denkt anders über sich, die Welt und den Menschen.

Ein Beweis ist nicht möglich. Wir sind nicht und können nicht die Garanten der Wahrheit des Evangeliums sein. Gott kann sich nur selbst bewahrheiten; er kann sein Wort nur selbst wahr machen. Was wir zu bezeugen haben, ist die Verheißung: Er wird sich dem offenbaren, deutlich machen, der sich auf ihn einläßt. Wir können als Zeugen nicht an die Stelle Gottes treten, diese Offenbarung Gottes vorwegnehmen.

Ideale Wegweiser sind wir dann, wenn wir nicht beweisen, sondern weg-weisen von uns hin zu Christus. Wir sind nur Zeugen und nicht die Wahrheit. Wir sind nur der Brief, aber nicht der Absender; nur die Wegweiser, nicht das Ziel; nur die Hinweiser, nicht die Sache selbst. Wo wir mehr wollen, als auf Christus hinzuweisen, wo wir mehr tun als wie Andreas zu Philippus zu sagen: »Komm und sieh!« (Joh 1,46), wo wir selbst die Wahrheit des Evangeliums klar machen wollen, da stellen wir uns an die Stelle Gottes, und da verstellen wir ihn gerade. Oder etwas paradox ausgedrückt: Nur da, wo wir das Wort vom Kreuz so sagen, daß es über sich selbst hinausweist auf eine andere Instanz der Bewahrheitung, nur da, wo unsere Sätze als solche in sich unbefriedigend sind, den Nächsten nicht befriedigen, bei *uns* und *unserer Auskunft* nicht zur Ruhe kommen lassen, vielmehr über uns hinausweisen, – nur da sind sie richtig, nur da ist unser Zeugnis in Ordnung. Und umgekehrt: gerade da, wo die Menschen an uns hängenbleiben, wo wir das Evangelium befriedigend ausweisen wollen, da ist unser Zeugnis falsch, eben weil es kein Zeugnis mehr ist; weil es dann eben nicht mehr über sich hinausweist auf den, der allein die Wahrheit ist. Das ist dann die dritte Entlastung: Nicht wir haben die Wahrheit, sondern er ist sie – er als die Person, der es zu begegnen gilt. Und diese Begegnung können wir niemandem abnehmen.

e) »...wenn nicht der Vater ihn zieht«

Ein letzter Punkt: Christus anschauen, den Gekreuzigten, d. h. wissen um den abgrundtiefen Graben, der besteht zwischen der alten Welt unter der Herrschaft des Gottes dieser Welt (2. Kor 4,4) und der neuen Welt unter der Herrschaft Christi. Paulus ist unter diesen Umständen ganz selbstverständlich davon überzeugt, daß der sog. natürliche Mensch nichts faßt, nichts begreift, nichts annimmt von dem, was des Geistes Gottes ist. Denn es ist ihm eine Torheit und er kann es nicht erkennen (1. Kor 2,14). Die Weisheit Gottes, sein Plan, sein Handeln, ist – es kann nicht anders sein – für den Menschen von Hause aus eine Torheit, ein Unsinn, etwas, worüber zu reden oder zu diskutieren eigentlich nicht lohnt. Sie widerspricht ja allem, was ihm lieb und wichtig ist: »Keiner von den Fürsten dieser Welt hat sie erkannt, – denn wenn sie sie erkannt hätten«, so Paulus weiter, »so würden sie wohl nicht den Herrn der Herrlichkeit gekreuzigt haben« (1. Kor 2,8).

Der Herr der Herrlichkeit – gekreuzigt: der sich hier offenbarende Widerspruch ist nur zu überwinden – nicht von uns, von Menschen, sondern nur von Gott selbst. Es hat gar keinen Sinn, in dieser Sache wer weiß was für Tricks auszuprobieren. »Niemand«, sagt Christus, »niemand kann zu mir kommen, wenn nicht der Vater, der mich gesandt hat, ihn zieht« (Joh 6,44). »Niemand hat erkannt«, so Paulus, »was in Gott ist, als nur der Geist Gottes« (1. Kor 2,11) »und wem es der Geist offenbart« (1. Kor 2,10). Darum gilt: Gott selbst, der Heilige Geist, ist der eigentlich Handelnde in unserem Zeugnis – er, nicht wir. So ist weder der, der pflanzt, etwas, noch der da begießt, sondern Gott, der das Wachstum schenkt (1. Kor 3,17). Das ist die letzte und wohl entscheidende Entlastung für unseren Zeugnisdienst.

Daß wir dieses Wirken des Geistes vorbereiten, fördern, daß wir es aber auch behindern (Eph 4,30) und womöglich verstellen (1. Thess 5,19), daß wir es aber nicht ersetzen können, das macht die Größe unseres Dienstes wie dessen Gefährdung, das macht aber auch die letzte Entlastung und Würde derer aus, die dieses Wort Gottes weder haben, noch es sind, die es aber weitertragen dürfen, ja immer neu weitersagen müssen, bis ihr Herr als Herr der ganzen Welt wiederkommt.

Der Gottesdienst der Gemeinde des für uns Gekreuzigten Sieben Leitsätze

Stell dir vor, es ist Kirche, und niemand geht hin. Stell dir vor, es ist Gottesdienst, und die Gemeinde nimmt das Wort Jesu zu wörtlich: Wo zwei oder drei versammelt sind in meinem Namen..., und läßt Pfarrer, Mesner und Organist allein unter sich bleiben.

Stell dir vor, es ist Gottesdienst, und niemand geht hin, – nur eine Utopie, etwas, was man sich nicht recht vorstellen kann? Schon jetzt gilt: Es ist Gottesdienst, und immer weniger gehen hin.

Wir wissen es alle: Der Gottesdienst am Sonntag morgen ist das Zentrum des Gemeindelebens. Nur warum ist er es nicht wirklich? Warum ist er für mich oft, immer wieder nicht, was er sein soll, und v. a.: wie kann er werden, was er sein soll?

Ich habe den Mut, dieses oft behandelte Thema noch einmal aufzugreifen, weil ich meine, etwas beitragen zu können dem Leitsatz her, der uns schon bisher begleitet und geleitet hat. Wie könnte es anders sein: Ich habe auch zur Frage der Erneuerung der Kirche und des Gottesdienstes nichts anderes beizutragen als nur Christus und ihn als Gekreuzigten. Ich möchte mit Ihnen bedenken, was dieser Satz für Konsequenzen hat. Es sind sieben kurze Punkte, sieben Folgerungen, die ich aus diesem Leitsatz ableiten möchte. Sie sind zunächst gesprochen und gewonnen im Blick auf die volkskirchliche Wirklichkeit. Ich gehe aber wohl nicht fehl in der Annahme, daß es nicht allzu schwer ist, diese Leitsätze in nur wenig veränderter Form auch für die Freikirchen fruchtbar zu machen.

1. Gottesdienst ist Gemeinschaft aus Liebe, ist Liebesgemeinschaft. Im Gottesdienst sind wir zusammen *als* eine solche Liebesgemeinschaft.

»Hier starb ich vor Langeweile.« Dieser Satz stand in einer evangelischen Kirche an der Wand. Der Küster zeigte den Satz den Verantwortlichen in der Gemeinde, bevor er sich an die Säuberungsarbeiten machte.[1] Es ist zunächst eine Frage der Liebe zum Nächsten, zum Mit-Christen und zu denen, von denen wir das erhoffen, daß sie den Weg zu Christus finden, – es ist eine Frage der Liebe, ob uns diese »Todesanzeige« eines Gottesdienstbesuchers nahe –, ob sie uns nachgeht oder nicht. Sehr provozierend schreibt U. Parzany seine Eindrücke: »Nichts in Form und Inhalt hat mit dem Leben junger Menschen zu tun. Trist und lieblos zugemutet. Natürlich alles mit tiefen theologischen Begründungen, vermute ich. Es mag sein, daß gereifte Christen mit diesem Gottesdienst etwas anfangen können. Müde Gesänge, ohne erkennbare innere Beteiligung, abgelesene Liturgietexte.« Für jüngere Menschen ist das vielfach »einfach langweilig«.[2]

Zum Glück überzeichnet Parzany: Es ist ja wohl vielerorts nicht immer so. Aber dennoch gilt: Gottesdienstreform ist nötig um der Liebe willen.

Wenn der Sohn Gottes extra Mensch wurde, nur damit wir Menschen ihn verstehen, dann sind wir erst recht verpflichtet, Gottesdienst so zu gestalten, daß man auf uns hören will und uns verstehen kann. Die Abwehr neuer Lieder und Liturgien und das unbewegliche, kompromißlose Festhalten an den alten Formen ist nicht einfach ein Ausweis von Rechtgläubigkeit, von

Frömmigkeit; es ist im Gegenteil ein Zeichen recht un-
frommer Ich-Bezogenheit: »So bin ich es gewohnt und
so muß es bleiben.« Hier wäre es für Junge und Alte
bereichernd, aufeinander zuzugehen. Wieviel gibt es
auch in den alten Chorälen zu entdecken an Erfahrungen mit Christus, wenn wir uns nur auf die manchmal
verstaubte Form einlassen!

Damit bin ich beim zweiten Punkt.

2. Gottesdienst ist Gottesdienst-
gemeinschaft

Zweierlei ist in diesem Zusammenhang wichtig. Es
liegt ja nahe und ist die Regel, daß man mehr oder weniger allein an den Pfarrer, den Prediger, die »Verantwortlichen« denkt, wenn die Gestalt des Gottesdienstes zur Debatte steht. Es gehört aber zum Gottesdienst der Gemeinde, daß der Gottesdienst Gottes-
dienst-*Gemeinschaft* ist. Das Kapitel 1. Korinther 14
ist voll von der Mitwirkung vieler Gemeindeglieder
im Gottesdienst. Die Frage nach der Gottesdienst-
Gestalt ist eine Frage an jeden einzelnen von uns. Ich
kenne eine katholische (!) Gemeinde, in der die Got-
tesdienstbesucher komisch gucken würden, wenn der
Pfarrer die Schriftlesung übernehmen würde. Eine
Schriftlesung zu übernehmen oder ein Gebet zu formulieren bzw. vorzutragen, das sind Dinge, die im
Laufe der Zeit selbstverständlich sein müßten. Und
wer sich nicht traut oder dazu nicht in der Lage ist,
dem bleibt es immer noch unbenommen, für den
Gottesdienst und die Mitwirkenden zu beten; dem
bleibt es immerhin möglich, einmal den Pfarrer oder
den Prediger anzurufen und zu sagen: »Ich habe das
und das Lied so gerne. Könnten sie das nicht einmal

singen lassen?« Oder: »Ich wünsche mir den und den Bibeltext für die Schriftlesung.« Auch das ist Mitwirkung am Gottesdienst. Selbst noch ein Dank oder ein nachdenkliches Wort ist solch eine Form der Mitwirkung. Die meisten wissen gar nicht, wie einsam oft ein Pfarrer oder Prediger ist, wenn er der Gemeinde gegenüber tritt; wenn er vor der Herausforderung steht, unter Zeitdruck und mit nur wenig Kraft dieser zentralen Anforderung zu genügen; wie hilfreich es ist, wenn er vorher mit einem anderen Christen beten kann; wie gut es ist zu wissen, daß Beter im Gottesdienst sitzen, und wie schön es ist, wenn ein Gottesdienst wirklich von mehreren mitgestaltet wird, er also nicht allein »da vorne« steht. Gottesdienst ist Liebesgemeinschaft auch darin, daß wir hier nicht einem allein die Last aufbürden. Gottesdienst ist Gemeinde-Gottesdienst, und das bedeutet, daß beide Seiten, Pfarrer (Prediger) und Gemeinde, in der Frage der Gestaltung sich öffnen und aufeinander zugehen. Gottesdienst ist nur möglich als Angelegenheit der ganzen Gemeinde.

Freilich, wie viele Reform-Modelle von Gottesdienst hat es nicht schon gegeben? Reformen von Gottesdienst-Formen allein bringen es nicht. Sie können einer Kirche kein neues Leben einhauchen; sie bleiben kosmetische Korrekturen, durch die der Gottesdienst nicht lebendig wird, wenn er in der Substanz schon lange tot ist. »Eine Leiche wird nicht dadurch lebendig, daß man sie schminkt.«[3] Darum ist die Erinnerung an den dritten Punkt so wichtig.

3. Kirche ist eine Rettungsbootgemeinschaft; Gottesdienst-Gemeinde ist eine Gemeinschaft von erlösten und gerechtfertigten Sündern

Kirche, Gemeinde ist – mit einem alten Wort – Familie Gottes. Ich sage es drastisch: Wie ich es mir nicht aussuchen kann, in welche Familie ich hineingeboren werde, wer meine Geschwister und meine Eltern sind, so kann ich es mir auch nicht aussuchen, wer meine lieben oder auch weniger lieben Mitchristen sind. Kirche – das ist nicht die Gemeinschaft derer, die sich besonders sympathisch sind und die dieselben Meinungen pflegen. Kirche, das ist keine Frage von Sympathie oder Antipathie, von »Badischen und Unsym-Badischen«. Gemeinschaft der Christen ist nicht begründet in gleichgelagerten Interessen. Sie ist allein gegründet in Jesus Christus. Kirche, Gottesdienst-Gemeinschaft ist eine Versammlung von Leuten, die v. a. eins auszeichnet, denen vor allem eines gemeinsam ist: daß sie Gerettete, Herausgeholte sind. Kirche – das ist die Besatzung eines Rettungsbootes, in dem ich mir auch nicht aussuchen kann, neben wem ich zu sitzen komme, mit wem ich auf Gedeih und Verderb auskommen muß. *In diesem Rettungsboot zählt vor allem eins: daß ich drin bin.* Kirche – das ist die Gemeinschaft der Erretteten, von Christus Geretteten, die aus keinem anderen Grund zusammengehören als nur dem einen: wegen Christus und mit Christus in einem Boot zu sitzen. Gemeinde kann nur funktionieren, ausgehalten werden, wenn wir uns das immer neu vergegenwärtigen. Es ist entscheidend, daß wir hier nüchtern werden. Denn alles, was uns sonst miteinander verbindet, ist schön und recht, trägt aber nicht, wenn es darauf ankommt. Es käme von der Gemeinschaft im Kirchengemeinderat über die Chor-Gemeinschaft, die Gemeinschaft in der Frauenstunde bis hin zu mancherlei anderen Dienst-Gemeinschaften darauf an, daß uns klar wird, was Dietrich Bonhoeffer so klar ausspricht: Wir suchen mit Recht nach Gemeinde; wir brauchen Gemeinde, und in der Kirche werden wir auch Gemeinde finden, aber nur, wenn wir erkennen: »Gemeinschaft mit dem Anderen habe ich und werde ich haben allein durch Jesus Christus. Je echter und tiefer diese Gemeinschaft wird, desto mehr wird alles andere zwischen uns zurücktreten ... Wir haben einander nur durch Jesus Christus, aber durch Jesus Christus *haben* wir einander auch wirklich, *haben* wir uns ganz für alle Ewigkeit.«[4]

4. Kirche ist eine durch und durch unfromme Gesellschaft

Gottesdienst ist nur möglich als Gemeinschaft von solchen, die Sünder sind und bleiben. Kirche, Gemeinde, ist nur möglich als Gemeinschaft von solchen, die im Angesicht des Gekreuzigten wissen: Mir ist vergeben, und ich bin genauso darauf angewiesen, daß mir weiter vergeben wird, wie der andere darauf angewiesen ist, daß ich ihm vergebe, immer neu bereit bin zu vergeben. Kirche, Gemeinde ist Vergebungsgemeinschaft. Das ist einerseits ernüchternd, aber es bedeutet eine ungeheure Entlastung. Es macht Gemeinschaft erst möglich, bewahrt mich vor überhöhten Erwartungen an andere und nicht zuletzt auch an mich selbst. Es hilft mir, immer neu das Fundament in den Blick zu nehmen, aus dessen Wahrnehmung allein Kirche leben und weiter bestehen kann. Wir sind einfach darauf angewiesen, uns unsere Fehler und Irrtümer, unser Schuldigwerden einzugestehen, es zu bekennen und auch zu vergeben.

Unsere Kirchen-Gemeinden kranken v. a. daran, daß so wenige den Mut haben, Fehler einzugestehen. Da, wo wir miteinander etwas anpacken, wo wir näher zusammenrücken, da kann es aber doch gar nicht ausbleiben, daß einer dem anderen auf die Füße tritt; daß die Schonzone der Höflichkeit, mit der wir uns umgeben, um nur ja niemandem zu nahe zu treten oder auch selbst verletzt zu werden, – daß diese Sicherheitszone nicht mehr eingehalten werden kann. Weil wir diese Verletzungen fürchten, die eigenen wie die der anderen, darum bleiben wir lieber auf Distanz; darum passiert dann auch so wenig. Wir setzen uns einander nicht aus und wundern uns, daß wir nicht zueinander hinwachsen, zusammenwachsen. Sich zusammensetzen, zusammenrücken ist nie möglich, ohne sich dem anderen auszusetzen, sich mit dem anderen auseinanderzusetzen. Keine menschliche, zwischenmenschliche, auch keine geschwisterliche Wärme ohne Reibungswärme!

Aber wären wir Christen nicht eigentlich diejenigen, die wissen müßten, wie man mit dieser Reibungswärme fertig wird? Wären nicht eigentlich wir diejenigen, die vor diesen Auseinandersetzungen weniger Angst haben müßten, weil wir doch wissen, was uns wieder zusammenführen kann, auch wenn wir uns auseinandergesetzt haben; was uns verbindet – auch über Gräben hinweg –, ob wir das wollen oder nicht? Ist der Christus etwa zerteilt?

»Die fromme Gemeinde erlaubt es ja keinem, Sünder zu sein.«[5] Das macht Christ-Sein oft so anstrengend und schwierig, daß wir eine Rolle spielen müssen, ein

Kleid anhaben müssen, das uns im Grunde viel zu groß ist. Vielleicht sollten wir von einer Rüstung sprechen, die uns viel zu schwer ist. Wäre nicht gerade die Kirche eine Gemeinschaft, in der man die befreiende Erkenntnis leben kann: »Und wenn wir sagen, daß wir keine Sünde haben, so betrügen wir uns selbst« (1. Joh 1,8)? »Wir alle straucheln oft«, heißt es ausgerechnet im Jakobus-Brief (3,2), der doch besonders energisch zum Gemeindeleben Stellung nimmt. Hätten nicht gerade Christen allen Grund, sich nicht wieder zu verstecken, den anderen etwas vorzumachen und damit zu einem scheinbar frommen, im Grunde heuchlerischen Klima beizutragen, das unecht ist und alle miteinander unter Druck setzt?

Wieviel befreiender wäre es, wieviel Aufatmen gäbe es, wenn gerade jemand, den wir für besonders »geistlich« gehalten haben, einräumte, wie viele Schwierigkeiten und Probleme mit dem Glauben auch er noch hat; wieviel auch ihm noch mißlingt; wie viele Anfechtungen und Notzeiten auch er durchleiden muß!

Wir dürfen Sünder sein, und *wir sind es nur in einer Gemeinschaft von freilich gerechtfertigten Sündern.* Wir dürfen uns irren, Fehler machen. Es gehört dazu, es passiert eben, daß wir uns verletzen, ohne es zu wollen, und manchmal – so sind wir eben – wollen wir es auch ein bißchen. Aber wir können und dürfen und müssen uns verzeihen. Und dann dürfen wir auch aufeinander zugehen. Und damit bin ich schon beim nächsten Punkt: Wir dürfen es nicht nur, wir müssen es, weil wir einander *be*dürfen.

5. Kirche ist Lebens- und Lern-, Weg- und Schicksalsgemeinschaft

Wie befreiend ist es, wenn im Gottesdienst oder auch sonst die Anonymität durchbrochen wird! Wir alle wünschen uns das im Grunde. Aber wie oft empfinden wir es schon als Zumutung, wenn wir dem Nachbarn beim Abendmahl die Hand geben und den Friedensgruß entbieten sollen? Friede mit Gott – ja, das wollen wir alle. Aber »Friede sei mit dir«? Das ist eine Erinnerung an den Nebenchristen, die uns manchmal schon zuviel ist. Der Glaube wäre ja eine prima Sache, wenn es nur keine Schwestern und Brüder gäbe! Glaube und Gottesdienst – das ist oft eine so wunderschöne, erbauliche Erfahrung, wenn es da nicht den Nachbarn, den Mitchristen gäbe.

Warum muß denn Kirche überhaupt sein? So fragen viele Zeitgenossen, und so seufzen auch wir, manchmal leiser, manchmal vernehmlicher. Wäre es nicht viel schöner und einfacher, so viel angenehmer und friedlicher, wenn jeder seine eigene Gottesbeziehung hätte, senkrecht nach oben, jeder für sich, jeder allein? Warum nur muß Kirche sein? Viele sehen das ja auch nicht mehr ein. Die unbequeme Antwort lautet: Gottesdienst-Gemeinschaft, *Kirche* muß sein, weil allein Kirche Lebens- und Lerngemeinschaft ist, manchmal auch Leidensgemeinschaft.

Wir hielten uns womöglich schon für vollkommen, die Gemeinde, den Gottesdienst schon für ideal, wenn es da nicht Herrn X oder Frau Y gäbe. Der Mann und die Frau, – was sage ich: die ganze Familie ist eine Last. Am besten wäre es, sie gingen von selbst, damit wir diese Last – endlich – los wären. Bonhoeffer sagt: »*Dem Heiden* wird der Andere gar nicht erst zur Last.

Er geht jeder Belastung durch ihn aus dem Wege, der Christ muß die Last des Bruders tragen. Er muß den Bruder erleiden. Nur als Last ist der Andere wirklich Bruder«.[6]

Was sagt Paulus? »... Gerade die Glieder des Leibes, die schwächer zu sein scheinen, sind notwendig; und die uns die weniger ehrbaren am Leibe zu sein scheinen, die umgeben wir mit reichlicherer Ehre; und unsere nichtanständigen haben größere Wohlanständigkeit; unsere Wohlanständigen aber brauchen es nicht. Aber Gott hat den Leib zusammengefügt und dabei dem Mangelhaften größere Ehre gegeben, damit keine Spaltung am Leibe sei, sondern die Glieder dieselbe Sorge füreinander hätten« (1. Kor 12,22-24).

Kirche ist Lastengemeinschaft. Wie ich nur durch Belastungen meinen Kreislauf stärke und nur unter Belastungen meine Muskeln wachsen, so wächst auch mein geistliches Stehvermögen nur durch Belastung. Nur die Belastung – sagen wir es offen: manchmal ist es ja auch eine *Über*lastung –, nur die Überforderung, die diese Last oft bedeutet, holt mich immer wieder aus eigener Selbstgefälligkeit heraus und hilft mir, meine eigene, bleibende Schwäche, mein bleibendes Potential an Ärger und Aggression wahrzunehmen.

Wir brauchen den schwachen Bruder und die schwache Schwester. Wir brauchen die Last, unter der wir wachsen. Wachsen in Christus und wachsen zueinander. In diesem Sinn gilt das Wort Bonhoeffers: »Die Ausschaltung des Schwachen ist der Tod der Gemeinschaft.«[7] Und wie oft tragen wir nicht nur! Wie oft werden auch wir getragen, ertragen von den anderen?

Nur als solche Lebens-, Lern- und Leidensgemeinschaft, nur als solche Wachstumsgemeinschaft sind wir dann auch Weg- und Schicksalsgemeinschaft, die wir sein müssen, um klar zu kommen als Christen im Alltag der Welt, im Alltag einer doch nicht mehr christlichen, sondern nachchristlichen Gesellschaft. Ich beobachte es mit ganz großer Freude, wie überall im Land Lebensgemeinschaften, Kommunitäten aus dem Boden wachsen. Christen tun sich zusammen, wollen als Christen nicht nur *eine* Stunde per Woche verbringen, sondern auch gemeinsam den Alltag meistern. Auch das Wachstum der Hauskreisbewegung ist ein Signal dafür, daß Christen begriffen haben: Wir brauchen einander. Uns verbindet nicht nur eine gemeinsame Lebens- und Weltanschauung, sondern Kirche ist mehr: Kirche ist gemeinsames Leben; Gemeinde ist nicht denkbar ohne Gemeinschaft.

Kirche, Gemeinde kann vor Ort, sollte vor Ort aus einer Vielzahl überschaubarer kleiner Zellen bestehen. Deren gemeinsame Lebensäußerung ist dann der Gottesdienst, einmal von dieser, einmal von jener Zelle befruchtet. Auch Frauen- und Männerkreise, Jugendgruppen und Chöre können solche Zellen sein. Für sie alle ist dann der Gottesdienst das Forum gegenseitiger Mit-teilung und Bereicherung, gegenseitiger Information und wechselseitiger Förderung. In einer heidnischen, vor-christlichen Gesellschaft war Urkirche Hauskreis, eine Gemeinde von Christen, die sich hin und her in Häusern trafen. Ich denke, wir müssen solche verbindliche wie überschaubare, Orientierung bietende, viel Wärme und Geborgenheit vermittelnde Gestalt wieder gewinnen, – wenn wir denn als Kirche in einer nachchristlichen Gesellschaft bestehen wollen.

6. Kirche ist bibellesende und fürbittende Gemeinschaft; Gottesdienst ist anbetende und danksagende Gemeinschaft

Nur als solche durch ihr Fundament verbundene und durch ihr gemeinsames Schicksal zusammengeschweißte Gemeinschaft kann Kirche dann auch Dienstgemeinde sein.

Wir feiern Gottesdienst als Menschen, die den Kopf voll haben inmitten des Lebens und angesichts der Herausforderungen des Alltags; die die Herzen voll haben, die besorgt sind, bewegt sind von mancherlei Dingen; die aber kommen mit leeren Händen; die einmal von Christus beschenkt worden sind und die erwarten, daß er sie weiterhin beschenkt; die alles von Gott erwarten, die zumindest immer mehr von Gott erwarten wollen.

Als Jesus mit seinen zwölf Jüngern – »dreizehn Mann hoch!« – bei dem Schwesternpaar Maria und Martha zu Besuch ist, sagt er zu der umtriebigen Martha, und das klingt zunächst doch etwas ungerecht: »Martha, du bist besorgt und beunruhigt um viele Dinge, eins aber ist not«, und er verweist auf Maria, die sich zu seinen Füßen niedergelassen hat und ihm bloß zuhört und – so dürfen wir vermuten – ihn anschaut (Lk 10,42).

Gottesdienst – das ist die Gemeinschaft derer, die bloß zuhören brauchen; die einmal nichts tun müssen, denen nur eins not tut: Christus anzuschauen und ihn als für sie gekreuzigt. Gottesdienst – das ist die heilsame Unterbrechung aller Hektik und allen Aktivismus. Kirche – das ist die Gemeinschaft derer, die sich nicht mehr unmenschlich überfordern müssen, weil sie im Angesicht Gottes, vor Gott dessen eingedenk sein dürfen, daß sie bloß *Menschen* sind. Kirche – das ist die Gemeinde derer, die sich im Gottesdienst in der Kraft des Heiligen Geistes (Joh 14,26) genau daran erinnert. Kirche – das ist die wohltuende Gemeinschaft derer, die sich im Gottesdienst daran erinnert, daß sie nicht wie Atlas, jener Riese des Altertums, die Welt auf den Schultern tragen müssen; die einander vielmehr hinweisen und erinnern an die Liebe Gottes und an seine Nähe, seinen Willen zu helfen und seine Macht, es zu tun. Kirche – das ist die Gemeinschaft derer, die sich durch diesen Blick auf den Gekreuzigten und Auferstandenen unglaublich entlasten können, weil sie einander verweisen an den, der wirklich helfen kann.

Kirche und Gottesdienst – das ist der Ort der Fürbitte. Und hier gibt es wirklich Entscheidendes neu zu entdecken. Ist Kirche vielleicht deshalb für viele so langweilig und uninteressant, weil hier nicht genug und detailliert gebetet wird; weil die Chancen, die in einer gemeinsamen Fürbitte liegen, noch nicht entfernt ausgemacht sind? Vielfach haben wir ja noch nicht einmal Mut, für Kranke und Leidende mit Namen zu beten; haben wir Scheu, aus der Anonymität herauszutreten und die Nähe wahrzunehmen, in die Christus uns doch schon zueinander gestellt hat! Von der Bitte fürs Abitur und andere Prüfungen, für Reise und andere Herausforderungen ganz zu schweigen. Wie arm sind wir hier vielfach noch!

Gottesdienst – das ist aber nicht nur die Gemeinschaft in der Fürbitte, sondern auch die Gemeinschaft der Danksagung und Anbetung.

Anbetung – sie geziemt nur Gott. Aber Gott, diesem Gott geziemt sie wirklich. Wo die Anbetung fehlt: im

Gebet, in der Schriftlesung, im Lied, da fehlt natürlich im Gottesdienst auch das, was uns zentral an das erinnert, was uns verbindet: Anbetung dir, dem *Lamm*! O ja, das hat mit viel Fingerspitzengefühl zu tun. Wer aus lauter Sorge, es könne peinlich werden, es könnte sogar zu Gefühlen kommen, wir könnten tatsächlich »bewegt« werden im Gottesdienst, – wer darum diese zentrale Dimension von Gottesdienst ausblendet, hat der je begriffen, was Kirche ist; kann der jemals erfahren haben, was Kirche ist?

Aus der Anbetung erwächst die Danksagung: Und wir haben es ja gesehen, wie diese Danksagung das Wunder der Neuschöpfung gebiert; wie wir durch das Danken einen völlig neuen Zugang gewinnen zu den Dingen einer gefährdeten wie gefährlichen Welt; wie über der Danksagung das Zweideutige eindeutig wird; wie uns das, was Teil dieser vergehenden, kaputten Welt ist, – wie uns das dort zur Gabe Gottes wird, wo wir es dankbar nehmen und nun auch als seine Gabe genießen dürfen; wie wir gerade als Christen zu einem Weltumgang finden, der dieser nicht verfällt, ihren vielfältigen Beanspruchungen erliegt, sondern sie so gebraucht, daß wir über ihr immer wieder doch auch glücklich und froh und zufrieden sein dürfen. Es ist der Gekreuzigte, der diese neue Lebensmöglichkeit inmitten dieser alten gefallenen und verfallenden Schöpfung gesetzt hat. Mit ihm kann das Leben noch einmal beginnen.

7. Gottesdienst – das ist die Gemeinschaft derer, die im Dunkel sitzen und Sein Licht gesehen haben

und die nun kommen, um dieses Licht neu zu sehen und um Seiner Spur zu folgen; die wollen, daß Sein Licht in ihr Leben fällt. Gottesdienst – das ist eine *Erinnerungs-* wie *Hoffnungs*gemeinschaft. Es ist die Gemeinschaft derer, die es nötig haben, sich immer neu erinnern zu lassen an die eine große Tat Gottes! Und die hier Hoffnung gewinnen, die sie zum Tragen und Er-tragen, zum Zeugen und Dienen befähigt, weil sie hier, im Gottesdienst, in der Gemeinschaft derer zur Ruhe kommen, die nichts anderes wissen wollen als nur Christus und ihn als gekreuzigt.

Anmerkungen

Zu »». . . nichts wissen außer Christus . . .‹«
1. Volker Sommer: Lob der Lüge, München 1992.

Zu »Das Wort vom Kreuz . . .«
1. Vgl. Kap. VI, Anm. 15.
2. Vgl. Kap. IV, Anm. 1.
3. Predigtmeditationen Bd. I, Göttingen ^{4}1984, S. 379.

Zu »Das ganz normale Christenleben (2)«
1. Ernst Käsemann: An die Römer, Tübingen ^{3}1974, S. 106.
2. Albert Camus: Der Mythos von Sisyphos. Ein Versuch über das Absurde, Reinbek b. Hamburg ^{13}1970, S. 98.
3. Richard Rohr: Der wilde Mann. Geistliche Reden zur Männerbefreiung, München ^{15}1992, S. 152.

Zu »Das ganz normale Christenleben (3)«
1. Adrian Plass: Tagebuch eines frommen Chaoten, Moers ^{5}1992, S. 54 ff.
2. Ebd., 156.
3. DIE ZEIT vom 25. 12. 92, S. 1.
4. EKG 14,5.4.

Zu »Nicht in gewinnenden Worten . . .«
1. Idea 2/93, S. 4.
2. Der wilde Mann. Geistliche Reden zur Männerbe-

freiung, München ^{15}1992, S. 99.98.

3. Ebd., S. 126.

4. Vgl. das erste Kapitel ». . . nichts wissen außer Christus und ihn als gekreuzigt«.

5. Aesthetica in nuce, in: ders., Sämtliche Werke. Hist.-krit. Ausgabe v. J. Nadler, Bd. 2, Wien 1950, S. 206.

6. Idea 10/93, S. 8.

7. DIE ZEIT 45/92, S. 19.

8. Kirchenaustritte. Motive. Ursachen. Zusammenhänge. Studie in der Evang. Gesamtkirchengemeinde 1990/91, hg. von Martin Klumpp und Wolfgang Tuffentsammer.

9. Opladen 1992; 1993.

10. »Wer hält sich denn heute noch an die sieben Gebote?«; Barz: Postmoderne Religion am Beispiel der jungen Generation in den Alten Bundesländern. Jugend und Religion Bd. 2, Opladen 1992, S. 159.

11. Vgl. DER SPIEGEL 25/92: Was glauben die Deutschen?, S. 36–37.

12. Vgl. Wulff D. Rehfus (Hg.): Der Taumel der Moderne, Langenfeld 1992.

13. Ebd., S. 7.

14. Vgl. Martin Luthers Rede vom auf sich selbst und in sich selbst zurückgekrümmten Menschen (homo incurvatus in se; Vorlesung über den Römerbrief 1515/16, hg. von G. Merz/H. H. Borcherdt,^{3} 1968, S. 187 u. ö.).

15. Vgl. Luthers These 17 der Disputation gegen die scholastische Theologie (Sept. 1517, WA 1,225,1–2).

16. Vgl. seine Studie: Wider den Methodenzwang. Skizze einer anarchistischen Erkenntnistheorie, Frankfurt 1975.

17. Gerd Gerken, in: DER WIENER 12/92, S. 78.

18. Ebd., S. 74.
19. Ebd., S. 76.
20. Ebd., S. 77.
21. Ebd.
22. Ebd.
23. DER SPIEGEL 2/93, S. 166.
24. DER WIENER 12/92, S. 78.
25. Ebd.
26. Vgl. die Auseinandersetzung Adolf Schlatters mit dieser Maxime in seiner Schrift »Atheistische Methoden in der Theologie« (1905), hg. von H. Hempelmann, Wuppertal 1985.

Zu »Der Gottesdienst der Gemeinde ...«
1. Ulrich Parzany: »Hier starb ich vor Langeweile«. Gottesdienst – Brechmittel oder Lebensmittel? in: Schritte. Magazin für Christen, 1/93. S. 10.
2. Ebd., S. 11.
3. Ebd.
4. Dietrich Bonhoeffer: Gemeinsames Leben, München, ^{13}1970. S. 17.
5. Ebd., S. 95.
6. Ebd., S. 86.
7. Ebd., S. 80.

Heinzpeter Hempelmann

Wie denken Sie über Gott?

Tb., 80 S., Nr. 56.891, ISBN 3-7751-1830-6

Ein Tabuthema? Und doch reden in unseren Tagen immer mehr Menschen über ihre religiösen Erfahrungen. Was lange als »Privatsache« galt, ist nun in Fernsehen und Radio ein aktuelles Thema: Der Glaube an übersinnliche Mächte.
Wie denken **Sie** über Gott?
Ein wichtiges Thema unserer Zeit.

Bitte fragen Sie in Ihrer Buchhandlung nach diesem Buch! Oder schreiben Sie an den Hänssler-Verlag, Postfach 12 20, D-73762 Neuhausen-Stuttgart.

hänssler

Paul Deitenbeck

Gott ist für uns
Wer kann gegen uns sein?

Tb., 80 S., Nr. 76.650, ISBN 3-7751-2034-4

Mit der Glaubensgewißheit ist das so eine Sache: Mal sind wir uns der Liebe Gottes ganz sicher, mal kommen uns doch Zweifel . . . »Gott ist für uns« – das sichert uns Paulus zu. Paul Deitenbeck zeigt eindringlich, was Gottes »Pro« für unser Leben bedeuten kann . . .

Siegfried Kettling

. . . und Ihr sollt auch leben
Mit Christus in die Weite

Tb., 176 S., Nr. 70.633, ISBN 3-7751-1600-1

Ob es um Verkündigung geht oder um theologisches Nachdenken, um Deutung eines Gedichts oder begriffliche Auseinandersetzung, – immer soll das durchklingen, was bei Jesus kein »frommer Wunsch« ist, sondern seine österliche Regierungserklärung: »Ich lebe, und ihr sollt auch leben.«

Bitte fragen Sie in Ihrer Buchhandlung nach diesen Büchern! Oder schreiben Sie an den Hänssler-Verlag, Postfach 12 20, D-73762 Neuhausen-Stuttgart.